Cahier d'exercices et de laboratoire

Invitation à écouter et à écrire
THIRD EDITION

Gilbert A. Jarvis
The Ohio State University

Thérèse M. Bonin
The Ohio State University

Diane W. Birckbichler
The Ohio State University

Melissa M. Gruzs

Marie-Claire Ménard-Hall

HOLT, RINEHART AND WINSTON, INC.
Fort Worth • Chicago • San Francisco • Philadelphia
Montreal • Toronto • London • Sydney • Tokyo

PREFACE TO THE THIRD EDITION

Invitation à écouter et à écrire: Cahier d'exercices et de laboratoire is both a workbook and a guide to the laboratory tape recordings that accompany the third edition of *Invitation*. Each chapter is divided into two parts, a *Partie écrite* and a *Partie orale*. The *Partie écrite*, the workbook portion, is designed to improve the student's ability to read and write in French. The *Partie orale*, the lab manual portion, provides opportunities for out-of-class practice in oral and listening skills. Both parts will enhance the student's understanding of the cultures of the French-speaking world.

Partie écrite

Each *Partie écrite* begins with an activity that focuses on the vocabulary presented in the *Les mots et la vie* section of the text. Exercises that correspond to the grammar presentations within each chapter follow, and the *Partie écrite* concludes with an *Intégration et perspectives* section in which the activities integrate concepts treated in the chapter as a whole.

For each grammar topic, a series of activities is provided, ranging from structured exercises to freer communication activities. The exercises provide supplementary practice of the new language structure; the more open-ended activities encourage students to use the new structure in personalized situations. All exercises and activities are situated in a real-life context that relates to the chapter theme. Thus, the students are obliged to pay attention to meaning as they manipulate a language structure.

The *Intégration et perspectives* activities include longer and more creative written assignments that allow students to explore further the theme of the chapter while using its new grammar structures and vocabulary. Many of the activities in *Intégration et perspectives* have cultural implications. Some are based on realia; others ask students to discuss or compare aspects of American and Francophone cultures.

The *Parties écrites* can be used in a variety of ways, depending on course goals and the needs of a class or of individual students. Workbook assignments can be made on a daily or weekly basis or for end-of-chapter review. They can also be assigned individually to students who require supplementary work with a particular grammar topic. An answer key containing answers to structured activities is included in the tapescript.

Partie orale

For each chapter of the text, the tape recording begins with a reading of the *Mise en scène* from the textbook and a listening-comprehension activity based on the vocabulary presented in the chapter's *Les mots et la vie* section.

Practice with grammar structures follows; the structures are taken up in the same sequence as in the student workbook. For each structure, students are first asked to complete several oral exercises, moving from simple to more complex. These drills are taken from the *Préparation* section of the text and are indicated by an asterisk (*) in the *Partie orale*. A listening activity is then provided to give students the opportunity to test their oral comprehension of the grammar and vocabulary being studied. All exercises are based on a meaningful context so that vocabulary and structures can be practiced in lifelike situations.

Next, a series of activities is provided based on the chapter's *Intégration et perspectives*. Students hear a listening-comprehension passage that relates to the chapter theme and integrates the chapter grammar and vocabulary. Comprehension questions about the passage are printed in the *Partie orale*. A dictation based on the grammar, vocabulary, and theme of the chapter gives students an opportunity to write in French what they hear. Lastly, a series of personal questions placed in a context allows students to formulate written responses to questions that they hear.

For chapters 1 to 10, the pronunciation sections from the textbook are recorded. These sections give the students an opportunity to practice the pronunciation of individual sounds and words.

The *Parties orales* provide space for students to complete the various listening tasks, write out dictation sentences, answer the comprehension questions based on the listening passages, and write answers to the personalized questions.

Instructors and learning laboratory directors may wish to obtain copies of the complete laboratory tapescript. The tapescript includes an answer key to the exercises in the *Parties écrites* and *Parties orales*.

CONTENTS

1
CHAPITRE UN
Point de départ

PARTIE ECRITE

Mise en scène

A. **Conversation.** Sabine and Bernard are talking about their courses. Complete their conversation with words and expressions you've learned from the **Mise en scène**.

(handwritten margin note: IN CLASS in couples, after chapter studied.)

Sabine: Moi, j'adore l'informatique. Et vous?

Bernard: ----*Tiens*----------------------, moi aussi

----*j'adore l'informatique*------. Je trouve ça

----*intéressant*------------. Vous aimez la philosophie?

Sabine: Oui, mais j'aime -*mieux*------------------ l'histoire. Vous

aimez étudier?

Bernard: Pas moi! Je --*déteste*----------------- étudier!. Je

--*trouve ça*-------------- ennuyeux. J'aime mieux

---*voyages*------------------ et -*regarder la télé*----------.

B. **Préférences.** Write sentences telling whether you like or dislike each of the following, and what you think of each.

(handwritten margin note: Do 2,3,7,8 Use vocab. list For adjectifs p.33)

Exemple: parler français
(handwritten note: keep this structure (they don't have agreement yet.))
J'aime parler français. [Je trouve ça] *intéressant.*

1. les mathématiques ---

----

2. regarder la télévision --

----

3. étudier --

----

4. les langues --

----

5. les voyages --

----

6. la musique --

----

7. nager --

----

8. travailler --

L'article défini et le nom

A. **Impressions.** Solange and Laurent are exchanging their impressions about university life. Complete their conversation by filling in the blanks with the appropriate form of the definite article.

1/15

Laurent: Moi, j'aime bien -------------- université, et vous?

Solange: Moi aussi. J'étudie -------------- mathématiques.

Laurent: Pouah! Je déteste -------------- mathématiques. Moi, j'étudie -------------- langues. J'adore -------------- espagnol.

Solange: Moi, j'aime mieux -------------- anglais. Vous étudiez -------------- philosophie aussi?

Laurent: Oui. J'aime bien Madame Mairet, -------------- professeur de philosophie. Vous aimez étudier?

Solange: J'aime mieux regarder -------------- télévision ou écouter -------------- radio.

B. **Slogans.** Using **Vive** *(long live)* and **A bas** *(down with)*, create one or more slogans that the following people might say.

Skip (doin class)

Exemple: *Les étudiants: A bas le restaurant universitaire!* a bas ou Vive + art. déf

1. Les professeurs: --

   ----

2. Les étudiants: ---A bas les examens!------------------------------

   --Vive les vacances------------------------------------

3. Les Américains: --

   ----

4. Les Français: --

   ----

5. Le président de l'université: --

Les verbes de la première conjugaison et les pronoms sujets

A. Conjug.

La vie au campus. Janine is telling what she and her friend Serge feel about campus life. Complete her statements by filling in the blanks with the appropriate form of the verb from the list.

2/1

1st paragraph: **aimer, détester, étudier, habiter, parler, travailler, trouver**

A l'université, Serge ---------------------------- les maths, et moi,

j(e) ---------------------------- l'anglais. J(e) ----------------------------

ça facile. Quelquefois, nous ---------------------------- anglais avec *(with)*

les étudiants américains qui ---------------------------- à la résidence

universitaire. En général, les étudiants ---------------------------- à la

bibliothèque. Ils ---------------------------- bien les cours, mais ils

---------------------------- les examens.

2nd paragraph: **aimer, chanter, danser, écouter, manger, marcher, nager, regarder**

Serge ------------------------------ souvent la radio; il aime aussi

------------------------------ la télévision. A la discothèque, j(e)

------------------------------ beaucoup. Nous ------------------------------

quelquefois à la cafétéria. Nous ------------------------------ les sports:

nous ------------------------------ et nous ------------------------------.

B. **Occupations.** Describe what the people in each of the following illustrations are doing.

Modèle:

La famille Vincent voyage.
or: *La famille Vincent aime voyager.*

1. Annette et Jacques ------------------------------

----

2. Jean et moi, nous ------------------------------

----

3. Les étudiants ------------------------------

----

4. Vous --

----

5. François ---

----

6. Claudine et Alain ------------------------------

2/1

C. **Activités et préférences.** Using the adverbs you've learned and the verbs below, create sentences that tell how often you or people you know do certain activities.

Exemples: écouter la radio
J'écoute souvent la radio.
Nous écoutons rarement la radio.

1. étudier à la bibliothèque --------------------------------------

2. nager --

3. parler français --

4. regarder la télévision --

5. voyager en groupe --

6. travailler --

7. manger ---

La forme négative

2/3

A. **Ce n'est pas vrai.** *(It's not true.)* Claire and a group of friends are unhappy with various aspects of university life and disagree with comments made about it by their friends. Re-create their replies by putting the following statements in the negative.

Modèle: J'aime travailler.
Non, tu n'aimes pas travailler.

1. Tu travailles à la bibliothèque. --

    ----

2. Paul regarde la télé. ---

    ----

3. Nous aimons les examens. ---

    ----

4. Philippe et Odile étudient ensemble. ----------------------------------

    ----

5. Vous parlez anglais en classe. ---

    ----

6. On mange bien à l'université. --

    ----

7. J'aime bien le cours de la philosophie. --------------------------------

    ----

2/3

B. **Préférences.** Imagine that a French friend has asked you what you don't like or don't do often. Write your answers to the question.

Exemple: *Je n'aime pas étudier les sciences.*

1. --

2. --

3. --

Chapitre un

4. --

5. --

La forme interrogative   2/3

A.   **Au téléphone.** Marc is answering a friend's questions about his interests and those of his roommates Pierre and Jean. Below are Marc's answers to his friend's questions. For each statement Marc makes, write a question that his friend might have asked.

Modèle: *Est-ce que vous aimez les vacances?*
Marc: Oui, j'aime bien les vacances.

1. --

Marc: Non, je n'aime pas du tout les examens!

2. --

Marc: Oui, ils étudient l'informatique et la littérature.

3. --

Marc: Oui, mais j'aime mieux étudier à la bibliothèque.

4. --

Marc: Non, je ne parle pas bien anglais.

5. --

Marc: Oui, ils travaillent tout le temps.

6. --

Marc: Non, nous aimons mieux regarder la télévision.

2/3

B.   **Questions.** You want to find out how Georges, a student from Montreal, is getting along at your university. What questions would you ask him to find out the following information? Be sure to use either **est-ce que** or **n'est-ce pas.**

Modèle: find out if he likes the dorm
Est-ce que vous aimez la résidence universitaire?
or: *Vous aimez la résidence universitaire, n'est-ce pas?*

Find out:

1. if he is studying computer science ---------------------------------------

7

----

2. if he works a lot ---

----

3. if he likes speaking English all the time -----------------------------

----

4. if students at the university speak French well -----------------------

----

5. if they watch TV often --

----

6. if teachers often listen to students --------------------------------

----

7. if he likes to study in a group ------------------------------------

----

Intégration et perspectives

A. **Petite conversation.** You have just met Solange, a French student, who asks you the following questions. Write what you would say.

Solange: Bonjour. Je m'appelle Solange. Et vous?

Vous: --

Solange: Comment allez-vous?

Vous: --

Solange: Est-ce que vous aimez la vie à l'université?

Vous: --

Solange: Vous étudiez le français, n'est-ce pas?

Vous: --

Solange: Est-ce que vous préférez étudier les mathématiques ou l'histoire?

Vous: --

Solange: Est-ce que les étudiants aiment bien les examens?

Vous: ---

Solange: Au revoir. A demain!

B. **Les Etats-Unis et les touristes.** Imagine meeting a French student who is visiting your city. Write what you would say in French to convey the following information.

1. Say hello. ---

   ----

2. Introduce yourself. --

   ----

3. Ask him what his name is. --

   ----

4. Tell him what you study at the university. -----------------------

   ----

5. Ask him if he studies or if he works. ---------------------------

   ----

6. Say that you like travels, music, and sports. -------------------

   ----

7. Ask him if he likes to travel in a group. ----------------------

   ----

8. Ask him if he likes to listen to the radio and watch TV. --------------

   ----

PARTIE ORALE

Mise en scène

*1.1 **Premiers contacts,** p. 13.

1.2 **Préférences.** Some students are discussing what they like and dislike about the university. Jot down in English what each person says. You will hear each statement twice.

Modèle: You hear: Moi, j'aime bien la philosophie.
You jot down: *enjoys philosophy*

Marianne: --

Alain: --

Christian: --

Véronique: --

Isabelle: --

L'article défini et le nom

*1.3 **Mise en situation,** p. 17.

*1.4 **Les études universitaires,** p. 17A.

*1.5 **Opinions,** p. 17 B.

1.6 **Préférences.** Some students are discussing different aspects of campus life. Listen for the definite articles each person uses, and write them in the space provided. You will hear each statement twice.

Modèle: You hear: Moi, je déteste le restaurant universitaire!
You write: *le*

1. --------------------------------- 4. ---------------------------------

2. --------------------------------- 5. ---------------------------------

3. --------------------------------- 6. ---------------------------------

Les verbes de la première conjugaison et les pronoms sujets

*1.7 **Mise en situation,** p. 20.

*1.8 **Activités,** p. 21 A.

*1.9 **Et vous?,** p. 21 B.

1.10 **Descriptions.** You will hear statements describing six of the drawings below. Write the number of each statement below the drawing it describes. You will hear each statement twice.

a_____   b_____   c_____   d_____

e_____   f_____   g_____   h_____

La forme négative

*1.11 **Mise en situation,** p. 23.

*1.12 **Contradictions,** p. 23A.

1.13 **Mécontentement.** Some people are talking about the things they don't like or don't do. Jot down each person's statement in English in the space provided. Each statement will be given twice.

Modèle: You hear: Philippe n'aime pas regarder la télévision.
You jot down: *Philippe doesn't like to watch TV.*

1. _____

2. _____

3. _____

4. _____

5. _____

La forme interrogative

*1.14 Mise en situation, p. 25.

*1.15 N'est-ce pas?, p. 25 A.

*1.16 Faisons connaissance, p. 25 B.

1.17 C'est une question? Listen to what some people say, and decide whether or not you hear a question each time. Underline OUI if you hear a question, and NON if you don't. You will hear each statement twice.

Modèle: You hear: Est-ce que Robert aime étudier à la bibliothèque?
You underline OUI.

1. OUI NON		3. OUI NON		5. OUI NON	
2. OUI NON		4. OUI NON		6. OUI NON	

Intégration et perspectives

1.18 Faisons connaissance. A young French-Canadian woman is talking about her life. Listen to what she says, and decide whether or not the statements below are true (VRAI) or false (FAUX). You will hear each passage twice.

1. VRAI FAUX The woman speaking is named Catherine.

2. VRAI FAUX She attends a university in Montreal.

3. VRAI FAUX The sports she likes a lot are walking and swimming.

4. VRAI FAUX She speaks English well.

5. VRAI FAUX When she isn't studying, she likes to watch TV.

1.19 Conversation. Several students are talking about their studies. Write their conversation in the space provided. Each line will be read twice, then the entire conversation will be read once again so that you can check your work.

Micheline: --

Pauline: --

Robert: --

Micheline: --

Anne: --

— --

1.20 **Et vous?** A French friend wants to know about your interests. Stop the tape after each question and write an appropriate answer in French. You will hear each question twice.

1. ---

2. ---

3. ---

4. ---

5. ---

6. ---

7. ---

8. ---

*1.21 **Prononciation et orthographe,** pp. 31-32.

2
CHAPITRE DEUX
Identité

PARTIE ECRITE

Mise en scène

Professions. The drawings below show people in different professions. Complete each sentence with the appropriate profession.

Modèle:

Marcelle Fallot est *ingénieur*.

1. Adèle Beaujour est ------------------------------.

2. Claude Leluc est ------------------------------.

3. Georges Vaude est ------------------------------.

4. Micheline Gabriel est ------------------------------.

5. Jean-Luc Saussey est ------------------------------.

6. Françoise Lachaud est ------------------------------.

7. Véronique Lecoeur est ------------------------------.

Le verbe être *et l'utilisation des adjectifs*

A.   **Origines.** All the people below live in Martinique. Indicate the town each is from by filling in the blanks with the appropriate form of the verb **être**.

1. Alain ---------------------------- de Sainte-Anne.

2. Isabelle et moi, nous ---------------------------- de Fort-de-France.

3. Les parents de Claudine ---------------------------- de Belle-Fontaine.

4. Vous ---------------------------- de Petit Bourg, n'est-ce pas?

5. Hélène ---------------------------- de Prêcheur, dans la région du Mont Pelée.

6. Moi, je ---------------------------- de Vert-Pré.

B. **Opinions.** Complete each sentence so that it expresses your opinions of university life. Use the appropriate form of **être**, and adjectives and adverbs you know.

Exemple: Nous, les étudiants, nous *sommes très optimistes.*

1. L'université --

2. Je --

3. Nous, les étudiants, nous --

4. Les examens --

5. Vous, les professeurs, vous --

6. La classe de français --

Les articles indéfinis

Questions. How would you ask what the following items and people are? Write the questions you would ask and the answers that would be given for each drawing.

Modèles:

Qui est-ce?
C'est un professeur.

Qu'est-ce que c'est?
C'est un crayon.

1. ---

----

2. ---

----

3. ---

----

4. ---

----

5. ---

----

6. ---

7. --
   ----

8. --

Les adjectifs

A. **Contre-attaque.** Jean Chauvin is bragging about all the qualities that men supposedly have. Marlène insists that women have these same qualities. Re-create Marlène's statements by rewriting the paragraph below. Be sure to change each of the underlined adjectives to the feminine and make any other necessary changes.

En général, je trouve les hommes très <u>sympathiques</u>. Ils sont toujours <u>sportifs</u>. Ils ne sont jamais <u>paresseux</u>. Ils sont <u>indépendants</u>, <u>sérieux</u> et <u>intelligents</u>. Ils sont <u>ambitieux</u>, c'est vrai, mais ils sont aussi <u>honnêtes</u> et <u>courageux</u>. Et ils sont très <u>patients</u> avec les femmes. Ils ne sont pas <u>impulsifs</u> et <u>naïfs</u> comme les femmes. Les hommes sont <u>sensationnels</u>, n'est-ce pas?

En général, je trouve les femmes ---

----

18   Chapitre deux

B.   **Descriptions.** Complete the sentences by adding an appropriate adjective or adjectives. Be sure the adjectives agree with the nouns they modify.

Modèle: Le film n'est pas très intéressant.
Il est *ennuyeux*.

1.   Julie n'aime pas beaucoup travailler.

Elle est ------------------------------.

2.   Marc est triste.

Il n'est pas ------------------------------.

3.   Marie-Claire aime le danger et la difficulté.

Elle est ------------------------------.

4.   Véronique et Annick habitent à Paris.

Elles sont ------------------------------.

5.   Madeleine aime nager et marcher.

Elle est ------------------------------.

6.   Paul et Annette sont psychologues, et ils travaillent tout le temps.

Ils sont ------------------------------.

7.   Les examens dans la classe de français ne sont pas difficiles.

Ils sont ------------------------------.

8.   Jean-Louis n'est pas patient.

Il est assez ------------------------------.

C.   **Opinions.** The following questions are addressed to you personally.   Write appropriate responses, using one or more adjectives in each answer.

Exemple: Quelle sorte de femmes aimez-vous?
J'aime les femmes indépendantes et courageuses.

1.   Quelle sorte de professeurs est-ce que les étudiants aiment? -----------

----

2.   Et vous, quelle sorte de professeurs est-ce que vous aimez? ------------

19

3. Quelle sorte d'étudiants est-ce que les professeurs aiment? ------------

----

4. Quelle sorte de classes est-ce que vous aimez en général? --------------

----

5. Quelle sorte de femmes ou d'hommes est-ce que vous aimez? -----------

----

6. Quelle sorte de médecins préférez-vous? ------------------------------

----

7. Quelle sorte de gens détestez-vous? ----------------------------------

----

Les nombres de 20 à 99

A. **Le plat du jour.** Many restaurants, snack bars, and brasseries offer a **plat du jour,** usually consisting of meat and vegetables at a set price. Tell how much the **plat du jour** costs in each of the following restaurants.

Modèle: Chez Mimi/30 F
Le plat du jour est à trente francs.

1. La Grillade/45 F ---

2. Chez Robert/26F ---

3. La Brasserie Alsacienne/35 F --

----

4. Le Snack du Parc/23 F ---

----

5. Le Miami/64 F ---

6. Le Grill de la Plage/27 F --

----

7. La Brasserie de la Gare/72 F ---------------------------------------

----

8. Le Plat d'Argent/95 F ---

B. **Numéros de téléphone.** The telephone numbers below might be helpful to an American tourist visiting Paris. Write out each number.

Modèle: Télégrammes: 42.33.44.11
C'est le quarante-deux, trente-trois, quarante-quatre, onze.

1. American Express: 42.66.09.99 --

----

2. Ambassade américaine: 42.96.12.02 ---

----

3. Office du Tourisme de Paris: 47.23.61.72 ----------------------------------

----

4. Le musée Picasso: 42.71.25.21 ---

----

5. Objets trouvés *(lost and found)*: 45.31.14.80 --------------------------

----

Intégration et perspectives

A. **Description.** Using the questions below as a guide, describe one or several of your friends.

Où est-ce qu'il (elle) habite? Qu'est-ce qu'il (elle) aime et n'aime pas? Est-ce qu'il (elle) est étudiant(e)? Est-ce qu'il (elle) est modeste, intelligent(e), etc? Qu'est-ce qu'il (elle) désire être (par exemple, médecin, ingénieur, etc)? Est-ce qu'il (elle) aime voyager, chanter, etc?

B.   **Professions et qualités.** For each profession below, write one or two sentences telling what qualities members of that profession must have. Use the expressions **il faut** *(it's necessary)* in your sentences.

Exemples: comptable
Pour être comptable, il faut être très intelligent.
Pour être comptable, il faut aimer les maths or
... il faut étudier les maths.

1. médecin ---

----

2. professeur ---

----

3. journaliste ---

----

4. avocat ---

----

5. ingénieur ---

PARTIE ORALE

Mise en scène

*2.1   **Demande de travail**, p. 35.

2.2   **Professions.**   Different people are talking about their professions.   For each statement you hear, decide which of the drawings below is being described, and write the number of the statement below the appropriate drawing.

a_____   b_____   c_____

d_____   e_____   f_____

g_____   h_____   i_____

j_____

Le verbe être *et l'utilisation des adjectifs*

*2.3 **Une interview avec Serge Lambert,** p. 40.

*2.4 **Professions et métiers,** p. 40 A.

*2.5 **Descriptions,** pp. 40-41 B.

2.6 **Compliments?** Some professors at Laval University in Quebec are discussing their classes at the university. Decide whether or not a comment you hear is favorable, and underline **OUI** or **NON** below. You will hear each statement twice.

Modèle: You hear: Les étudiants sont trop timides.
You underline **NON.**

1. OUI NON   3. OUI NON   5.   OUI NON

2. OUI NON   4. OUI NON   6.   OUI NON

Les articles indéfinis

*2.7 **Mise en situation,** p. 43.

*2.8 **Identités,** p. 44 C.

2.9 **Identifications.** You will hear a description for each drawing. Underline **OUI** if the description is correct, and **NON** if it is not. You will hear each description twice.

Modèle: You hear: C'est une radio.
You underline: **OUI**

1. OUI NON   2. OUI NON   3. OUI NON

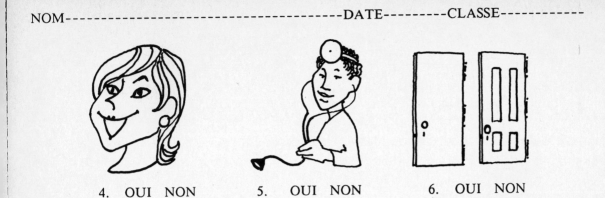

4. OUI NON   5. OUI NON   6. OUI NON

Les adjectifs

*2.10   C'est un jeu, p. 47.

*2.11   Curiosité, p. 47 B.

*2.12   Qualités et défauts, p. 48C.

2.13   Qualifications. A group of attorneys is talking about the clerks that work for their firm. Listen to the comments made about each person and jot down in English what you hear. You will hear each comment twice.

Modèle: You hear: Je suis content d'Annick. Elle est très compétente.
You jot down: Annick: *happy with her; very competent*

1. Alain: --

2. Francine: ---

3. Roger: --

4. Gilles: ---

5. Madeleine: --

6. Emmanuel: ---

Les nombres de 20 à 99

*2.14   Demande d'emploi, p. 50.

*2.15 **Distances.** A group of French students who commute each day to the university are comparing the distances they have to travel. Tell what they say. The distances are indicated below.

Modèle: You see: 25
You say: *J'habite à vingt-cinq kilomètres de l'université.*

1. 99   4. 77   7. 42   10. 39

2. 34   5. 61   8. 93

3. 25   6. 86   9. 91

2.16 **Numéros de téléphone.** You are about to take a trip to Dijon, and a French friend is giving you the telephone numbers of people he knows there. Write the numbers you hear. Each number will be given twice.

Modèle: You hear: Voilà le numéro d'Henri. C'est le vingt-trois, treize, trente-six.
You write: *23.13.36*

1. André: ------------------------   4. Claire: ------------------------

2. Daniel: ------------------------   5. Marie-Anne: ---------------------

3. Pauline: ------------------------   6. Lucien: ------------------------

Intégration et perspectives

*2.17 **Description.** Listen as Claire talks about herself and her friend Brigitte. Then decide if the statements below are true (VRAI) or false (FAUX), and underline the appropriate words. The passage will be read twice.

1. VRAI FAUX Claire est une femme réservée et modeste.

2. VRAI FAUX Claire et Brigitte travaillent à Paris.

3. VRAI FAUX Brigitte est journaliste; elle adore la politique.

4. VRAI FAUX Claire pense que les hommes préfèrent les femmes indépendantes.

2.18 **Discussion.** Some students are talking about Monsieur Renaud, their history professor. Write what each person says in the space provided. Each line will be read twice, then the entire conversation will be read once again so that you can check your work.

Anne: --

Paul: --

David: --

2.19 Et vous?   You have arrived at Charles de Gaulle airport in Paris, and a customs employee is asking you for information about yourself. Stop the tape after each question and write an appropriate answer in French. You will hear each question twice.

1. --

2. --

3. --

4. --

5. --

*2.20   Prononciation et orthographe, pp. 57-58.

3

CHAPITRE TROIS
La famille et les possessions

PARTIE ECRITE

Mise en scène

Les rêves et la réalité. The drawing below shows some items in Jean-Claude's dormitory room, as well as the things he'd like to have. Write complete sentences that Jean-Claude might say about what he has and would like to have.

Exemples: *J'ai des livres. Je voudrais avoir une voiture.*

J'ai...   Je voudrais avoir...

-------------------------------------   -------------------------------------

-------------------------------------   -------------------------------------

------------------------------------   ------------------------------------

------------------------------------   ------------------------------------

------------------------------------   ------------------------------------

Le verbe avoir

A. **La vie n'est pas parfaite.** Régine is talking about the various things she and her friends have and don't have. Use the words and phrases to re-create Régine's statements.

   Modèle: je / vélo (oui) / voiture (non)
   J'ai un vélo mais je n'ai pas de voiture.

   1. Marie / soeurs (oui) / frère (non) ---

   ----

   2. vous / radio (non) / téléviseur (oui) ---------------------------------------

   ----

   3. tu / chat (non) / chien (oui) ---

   ----

   4. je / crayons (oui) / stylo (non) --

   ----

   5. nous / appareil-photo (oui) / caméra (non) ---------------------------------

   ----

   6. Jacques et Robert / cassettes (non) / disques (oui) -------------------------

   ----

B. **Camarades de chambre.** Christine Fontanel is talking about herself and her roommate Monique Reynaud. Fill in the blanks in her statements with the appropriate form of **avoir** or **être**.

   1. Monique et moi, nous ------------------------- camarades de chambre. Nous

   ------------------------- étudiantes en sciences politiques à l'université de

   Grenoble. Monique ------------------------- de Paris. Elle

   ------------------------- trois frères. Moi, j(e) ------------------------- de

Strasbourg, et je n(e) ----------------------- pas de frères ou de soeurs.

2. Nous habitons dans une résidence universitaire. Dans la chambre, il y

----------------------- des livres, des affiches et des photos. Monique

----------------------- un micro-ordinateur, et j(e) -----------------------

un téléviseur. Je voudrais ----------------------- un magnétoscope. En

général, les étudiants ici ----------------------- une chaîne-stéréo et des

disques.

3. La vie à l'université ----------------------- intéressante, et nous

----------------------- des amis très sympathiques. Moi, j(e)

----------------------- des classes difficiles, mais les profs

----------------------- toujours excellents.

Identification: La famille et les possessions

A. Arbre généalogique. Hélène Dupont's family tree is shown below. Refer to it as you write complete sentences about the family relationships of the people mentioned in each item.

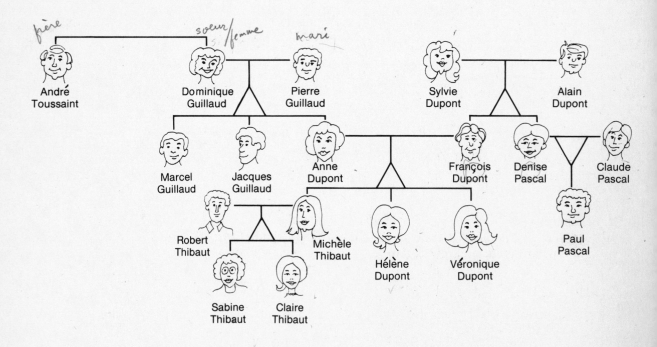

Exemple: Véronique Dupont et Michèle Thibaut / Hélène Dupont
Véronique Dupont et Michèle Thibaut sont les soeurs d'Hélène Dupont.

Chapitre trois

1. Hélène Dupont / Paul Pascal --- *la cousine de* ----------------------

2. Robert Thibaut / Michèle Thibaut --- *le* ~~*frère*~~ *mari* *de* ---------------

3. Sylvie Dupont et Dominique Guillaud / Hélène Dupont --- *grands-mères* ---

4. André Toussaint / Anne Dupont --------- *l'oncle* ------------------

5. Hélène Dupont / Sabine et Claire Thibaut *la tante* ---------------

6. François Dupont / Denise Pascal --- *le mari* -------------------

7. Pierre Guillaud / Jacques Guillaud --- *le père* ---------------

8. Sylvie et Alain Dupont / Paul Pascal --- *grands-parents* ----------

9. Sabine et Claire Thibaut / Michèle Thibaut --- *filles* ------------

10. Denise Pascal / Claude Pascal --- *la femme* -----------------

B. Equipement de bureau. Monsieur Dumas is telling the staff in his office supply store the names of the clients who have purchased office equipment. What does he say?:

Modèle:  le professeur Neuilly
C'est le magnétophone du professeur Neuilly.

31

1.   Marie-Claire Duchêne

----

2.   Monsieur Raoul Lafleur

----

3.   le docteur Martinet

----

4.   Madame Renée Leclerc

----

5.   le professeur Renaud

----

6.   la secrétaire de Martine Delame

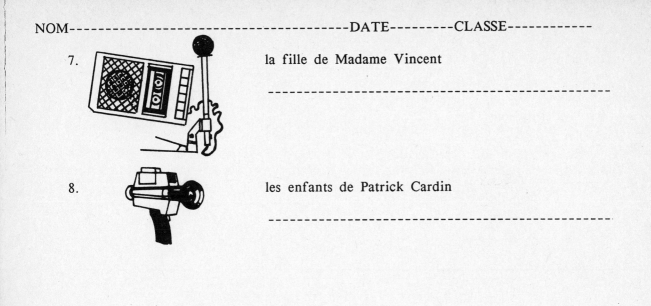

7. la fille de Madame Vincent

----

8. les enfants de Patrick Cardin

Les adjectifs possessifs

A. La famille et les amis. Several people are talking to Richard about their families and friends. Re-create their statements by filling in each blank with the appropriate form of the possessive adjective.

Claire: Dans notre région, les gens sont contents de -------------- vie. Chaque

(each) famille possède -------------- maison ou --------------

appartement. Nous habitons dans une rue agréable et --------------

maison est très confortable.

André: -------------- parents sont commerçants. Ils ont un magasin de

vêtements. Il y a quatre personnes qui travaillent dans --------------

magasin. -------------- employés aiment bien -------------- travail.

Renée: -------------- amie Lise habite dans un appartement, rue Laugier.

-------------- parents sonts ouvriers. Et toi, Richard, comment est la

ville où tu habites? Comment sont -------------- amis? Est-ce que tu es

content de -------------- vie et de -------------- travail?

B. La vie à l'université. The following questions are addressed to you personally. Write an appropriate response to each, using complete sentences.

1. Est-ce que vous êtes content(e) de votre vie à l'université? ------------------

----

2. Est-ce que vous trouvez vos cours intéressants? -------------------------

----

3. En général, est-ce que les étudiants sont contents de leurs cours? -----------

----

4. Est-ce que vous êtes content(e) de vos professeurs? -------------------------

----

5. Quelle est votre classe favorite? --

----

6. Quel est le nom de votre meilleur(e) *(best)* ami(e)? -------------------------

----

7. Où est-ce que votre ami(e) habite? ------------------------------------

----

8. Est-ce que votre appartement ou votre chambre est confortable? --------------

----

Quelques adjectifs prénominaux et les pièces d'une maison

A. **Le mauvais côté des choses.** Jean-Luc, who tends to see the negative side of things, disagrees with Jeannette's positive statements. Use the cues provided to re-create his statements. Pay attention to both the agreement and placement of the adjective in parentheses.

Modèle: Ta maison est très élégante.
Oui, mais, ce n'est pas une grande maison.

1. Tu as des vêtements confortables. (nouveau) -------------------------------

----

2. La classe de maths est assez facile. (bon) -------------------------------

----

3. Tes parents ont un joli appartement. (beau) -------------------------------

----

4. Tu habites dans une grande ville. (agréable) ---------------------------------

----

5. Tu as de vieux livres. (intéressant) ------------------------------------

----

6. Tu regardes un film amusant à la télé. (bon) --------------------------------

----

7. Tes professeurs sont compétents. (passionnant) ------------------------------

----

8. Ta soeur a une belle voiture. (français) ----------------------------------

----

B. **On va déménager.** Your French-Canadian friends are moving to your town, and you are helping them look for a home to buy. Using vocabulary you know, write in French the description you would give your friends for one of the real estate ads below.

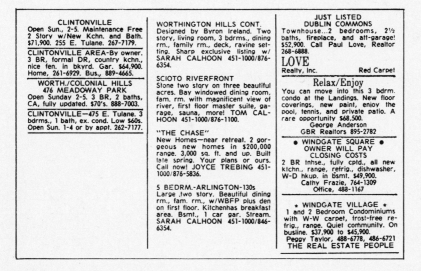

A. **Une maison à louer.** You are a real estate agent. Monique Sala, a visitor from Montreal, has come to you for help in finding a house to rent in your town. Write the questions you would ask in French to find out the following information.

Find out:

1. what her profession is --
    ----

2. where she works --

3. where she is living now --
    ----

4. whether she is married or single --
    ----

5. if she has any children --
    ----

6. if she is looking for a large or a small house --
    ----

7. whether she likes old houses --
    ----

8. if she prefers a calm neighborhood --

B. **Portrait de l'étudiant(e) américain(e).** Use the following questions as a guide to describe the typical American college student to a French student.

Quel âge a-t-il (elle)? Où et avec qui habite-t-il (elle)? Est-ce qu'il (elle) préfère manger à la maison ou à l'université? Quels sont ses activités et intérêts? Combien de cours a-t-il (elle)? Qu'est-ce qu'il y a dans la chambre ou dans l'appartemnt d'un(e) étudiant(e)? Quelles possessions désire-t-il (elle) avoir?

NOM--DATE--------CLASSE-----------

PARTIE ORALE

Mise en scène

*3.1 **C'est la vie**, p. 61

3.2 **La chambre de Michelle.** Michelle is talking about her possessions and her room, shown below. Decide whether or not the items Michelle mentions are in her room, and underline OUI or NON below. You will hear each statement twice.

Modèle: You hear: J'ai une voiture.
You underline NON.

1. OUI NON   3. OUI NON   5. OUI NON   7. OUI NON

2. OUI NON   4. OUI NON   6. OUI NON   8. OUI NON

Le verbe avoir

*3.3 **Au magasin de disques**, p. 64.

*3.4 **Une soirée sympa**, p. 65 A.

*3.5 **Sondage**, p. 66 C.

3.6 **La vie à l'université.** André is talking about his life on campus. Decide whether or not you hear a form of the verb **avoir** in each of his statements, and underline OUI or NON below. You will hear each statement twice.

Modèle: You hear: Nous écoutons souvent la radio.
You underline NON.

1. OUI NON   3. OUI NON   5. OUI NON

2. OUI NON   4. OUI NON   6. OUI NON

Identification: la famille et les possessions

*3.7   Où sont les clés?, p. 67.

*3.8   Trousseau de clés, p. 68 B.

3.9   Arbre généalogique. George Leclerc's family tree is shown below. Based on this drawing, decide whether or not the statements about his family are VRAI or FAUX, and underline the appropriate words. You will hear each statement twice.

> **Modèle:** You hear: Georges est l'oncle de Gisèle Martin.
> You underline VRAI.

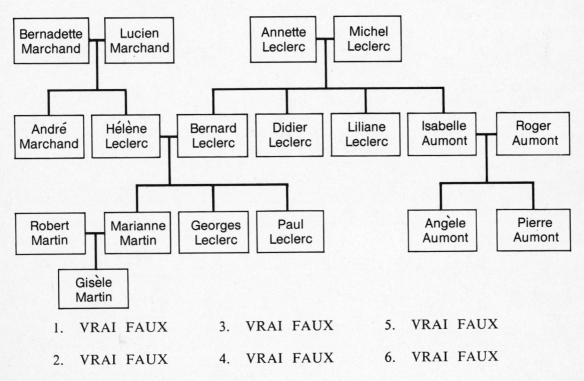

1. VRAI FAUX   3. VRAI FAUX   5. VRAI FAUX

2. VRAI FAUX   4. VRAI FAUX   6. VRAI FAUX

Les adjectifs possessifs

*3.10   Qui est-ce?, p. 70.

*3.11   Album de photos, p. 70 A.

*3.12   Réunion de famille, p. 71 C.

3.13   Famille. Jean Vincent is talking about his family. Listen to each of his statements, and write the possessive adjective you hear. You will hear each statement twice.

Modèle: You hear: Mon frère Serge travaille dans le bureau de notre oncle David.
You write: *mon* and *notre*.

1. -------------- -------------- --------------

2. -------------- --------------

3. --------------

4. -------------- --------------

5. -------------- --------------

Quelques adjectifs prénominaux et les pièces d'une maison

*3.14 **De vieux amis**, p. 74.

*3.15 **Agent immobilier**, p. 75 B.

*3.16 **Conversation**, p. 75 C.

3.17 **Mon nouvel appartement.** Robert has found an apartment in Paris, and he is describing it to his co-workers. Decide whether or not Robert's statements accurately describe the floor plan below, and underline OUI or NON. You will hear each statement twice.

Modèle: You hear: Il y a deux chambres dans mon appartement.
You underline NON.

1. OUI NON   3. OUI NON   5. OUI NON

2. OUI NON   4. OUI NON

Intégration et perspectives

3.18 **Ma vie.** Listen as Christian Lagrange talks about his life. Then answer the questions below. You will hear each passage twice.

1. Does Christian Lagrange live in the country or in the city? ------------

   ----

2. Why doesn't he like where he lives? ----------------------------------

   ----

3. What are Christian's parents like? ---------------------------------------

   ----

4. What is his dream? --

3.19 Madame Duvivier. Madame Duvivier is talking about her life. During the pauses provided, write what she says. Each sentence will be read twice, then the entire passage will be read once again so that you can check your work.

1. --

2. --

3. --

4. --

3.20 Et vous? A French friend wants to know about your home and possessions. Stop the tape after each question and write an appropriate answer in French. You will hear each question twice.

1. --

2. --

3. --

4. --

   ----

5. --

6. --

*3.21 Prononciation et orthographe, p. 80.

4
CHAPITRE QUATRE
En vacances

PARTIE ECRITE

Mise en scène

En vacances. Dominique and Georges Laforêt are talking about their vacation interests and plans. Using vocabulary from pages 83 to 85 in your text, fill in the blanks in their statements.

Mes parents habitent dans un petit ------------------------------- de Normandie.

D'habitude, Georges et moi, nous ------------------------------- nos vacances à la

------------------------------- avec mes parents. Mais cette année, c'est différent.

Cette année, Dominique et moi, nous ------------------------------- visiter la Grèce.

Nous allons ------------------------------- dans dix jours. Nous allons voyager en voiture

parce que Dominique n'aime pas beaucoup voyager par le -------------------------------.

Quand nous voyageons, nous préférons ------------------------------- dans des hôtels

modestes.

Quand nous visitons une ville, nous aimons ------------------------------- les musées.

Georges aime surtout ------------------------------- dans les rues. Nous allons souvent au

------------------------------- parce que nous aimons la musique classique.

Dominique est fatiguée de faire la cuisine; c'est pourquoi nous mangeons souvent

-------------------------------. Elle trouve ça formidable! Et nous aimons bien acheter des

------------------------------- pour notre famille et nos amis.

Le verbe aller   1/2 ×

A. **Nos vacances.** The following students are discussing their summer vacation plans. Use the words and phrases given to tell what each person is going to do.

Modèle: Marcelle / travailler dans un magasin
Marcelle va travailler dans un magasin.

1. tu / rester à l'université pour étudier -------------------------------------

----

2. moi, je / passer dix jours à la plage -------------------------------------

----

3. Henri / voyager dans un pays étranger -------------------------------------

----

4. mes frères et moi, nous / faire du camping -------------------------------

----

5. vous / acheter une petite voiture pour voyager à la campagne ----------------

----

6. mes parents / voyager dans un pays étranger -----------------------------

----

wait

1/27

B. **Pendant le week-end.** Use the suggestions below to create sentences telling where you and people you know go or do not go on weekends. Be sure to use a different subject in each sentence.   *almost*

Qui: Moi, je; Mon ami(e) *(nom)* ; Mes amis et moi, nous; Mon/Ma petit(e) ami(e); Mon/Ma camarade de chambre; Mes amis + 2

Où: concerts; restaurant; cinéma; campagne; bibliothèque; théâtre; université; plage

Exemple: *Mon ami David ne va pas au théâtre.*

1. --

2. --

3. --

4. --

5. --

6. --

7. --

8. --

C. **Qu'est-ce qu'on va faire demain?** Imagine that it's Friday, and that you and your friends are trying to decide what to do tomorrow. Using words you know, write a conversation between you and your friends in which you discuss different possibilities.

Vous: --

Votre ami(e): --

Vous: --

Votre ami(e): --

Vous: --

Votre ami(e): --

Vous: --

Votre ami(e): --

Vous: --

Votre ami(e): --

Les prépositions et les noms de lieux

A. **Projets de voyage.** Tell where each of the following people plans to travel this summer. Use the words and phrases given to re-create their statements. Be sure to use appropriate prepositions or definite articles.

Modèle: Suzanne / désirer / aller / Suisse / Italie
     Suzanne désire aller en Suisse et en Italie.

1. nous / visiter / Espagne / Portugal --

   ----

2. les Renaud / aller / Etats-Unis / Canada --

   ----

3. mon frère / aller / voyager / Algérie / Maroc -------------------------------

----

4. mes amis / passer leurs vacances / Sénégal / Zaïre -----------------------

----

5. je / aller / visiter / Hollande / Belgique -------------------------------------

----

6. mon oncle et ma tante / désirer / visiter / Madrid / Tolède ----------------

----

7. tu / aller / Japon / Chine --

EXPLAIN FIRST! = Il est nécessaire de

B. **Où est-ce qu'il faut aller?** Choose <u>five</u> of the following sites (or pick others you can think of) and tell to what city or country one must go to visit each one.

Suggestions:

les pyramides	le Kremlin	les chutes du Niagara
le Louvre	le Vatican	les ruines aztèques
les Alpes	le Parthénon	le Palais de Buckingham
la Casbah	le Château Frontenac	le Prado

Exemple: la Tour Eiffel
Il faut aller en France (ou à Paris) pour visiter la Tour Eiffel.

Les jours, les mois et les saisons

A. **Les jours fériés.** Jenny, an American student, wants to know on which holidays the French do not work. What does her French friend tell her?

Modèle: 25/12, Noël

On ne travaille pas le vingt-cinq décembre parce que c'est Noël.

1. 11/11, l'Armistice ---

   ----

2. 1/11, la Toussaint ---

   ----

3. 15/8, une fête religieuse ---

   ----

4. 1/5, la Fête du Travail ---

   ----

5. 1/1, le Jour de l'An ---

   ----

6. 14/7, la Fête Nationale ---

B. **Activités.** Madame Germain is telling when members of her family do various things. Re-create her statements by filling in the blanks with the appropriate day of the week, the month, or the season.

Modèle: *Le mardi, (on Tuesdays),* Janine a sa leçon de musique.

1. ____Vendredi_____, *(Friday)*, nous allons au cinéma avec les Martin.

2. ____En été_____, *(in the summer)*, nous aimons passer un mois à la plage.

3. ____Le Samedi_____, *(on Saturdays)*, Albert et Philippe vont à la bibliothèque pour étudier.

4. ____au printemps_____, *(in the spring)*, nous allons passer quinze jours chez mes parents.

5. ____Jeudi_____, *(Thursday)*, mon mari et moi, nous allons dîner chez des amis.

Chapitre quatre

6. ___En hiver_____, *(in the winter)*, nous préférons rester à

Paris.

7. ___Mercredi_____, *(Wednesday)*, je vais aller chez le

médecin.

2/1

8. ___En mars_____, *(in March)*, nous allons au Canada.

2/1

C. **Qu'est-ce qu'on fait?** Write a sentence telling what you or people you know do or don't do during the times of the year or days of the week given below. Vary your sentences as much as possible. Do in class

1. Le vendredi, --

2. Le mercredi, ---

3. En automne, --

4. Au printemps, --

5. En hiver, ---

6. En été,--

Les nationalités

2/3

Célébrités et nationalités. Choose six of the celebrities below (or add other names) and tell his or her nationality.

Pélé	Phil Collins	le pape Jean-Paul II
Sophia Loren	Pierce Brosnan	le premier ministre
Paul Hogan	Mikhail Gorbachev	Nakasone
Camellia Sadat	Arnold Schwarzenegger	le roi Carlos
Sarah Ferguson	François Mitterrand	Margaret Thatcher

Exemple: *Margaret Thatcher est anglaise.*

1. ---

2. ---

3. ---

4. ---

5. ---

6. ---

2/3

Do in class

A. Et vous? A reporter from a French-Canadian magazine is interviewing college students about what they do on vacation. How would you answer the reporter's questions?

1. Qu'est-ce que vous allez faire pendant vos prochaines vacances, rester ici ou voyager? --

----

2. Est-ce que vous allez voyager seul(e), avec des amis, ou avec votre famille?

----

3. Quels pays est-ce que vous désirez visiter un jour? ----------------------

----

4. Quels monuments ou quelles villes est-ce que vous désirez visiter? ---------

----

5. Quand vous voyagez, est-ce que vous préférez rester dans un hôtel ou faire du camping? ---

----

6. Comment est-ce que vous préférez voyager, par le train, en voiture ou en avion? ---

----

7. En quelle(s) saisons(s) ou en quel(s) mois est-ce que vous préférez voyager?

B. Activités. Imagine that some French friends are coming to spend a week at your city and that you are going to show them around. Where will you go each day, and what will you do?

Exemple: *Lundi, nous allons visiter le campus et manger au restaurant universitaire.*

C. Carte postale. Imagine that you are on vacation in Egypt. Use ideas from the following ad and vocabulary you know to write a message in French to a friend describing your impressions and activities.

PARTIE ORALE

Mise en scène

*4.1   Bonnes vacances!, p. 83.

4.2   On est en vacances. Listen as some people talk about their vacations. Decide whether or not their statements describe the drawings below, and underline OUI or NON. You will hear each statement twice.

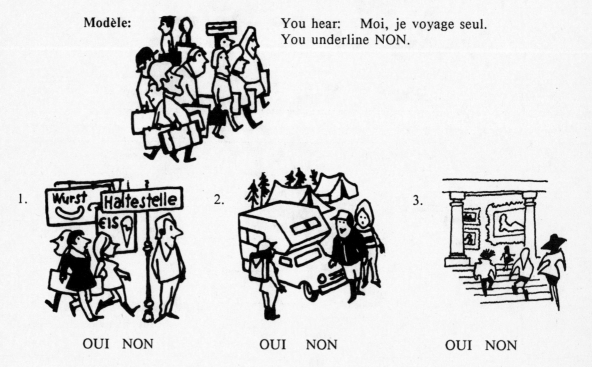

Modèle:

You hear: Moi, je voyage seul.
You underline NON.

1.   OUI NON

2.   OUI NON

3.   OUI NON

Chapitre quatre

4.   5.   6.

OUI NON   OUI NON   OUI NON

Le verbe aller

*4.3   **Fermeture annuelle,** p. 87.

*4.4   **Projets,** p. 87 A.

*4.5   **La fête du travail,** p. 87 B.

4.6   **Projets.** André has found out what different people in his dormitory are going to do this weekend. Jot down in English what each person is going to do. You will hear each statement twice.

    Modèle: You hear: Michelle va étudier à la bibliothèque avec ses amis.
                 You jot down: *going to study at library with friends*

1. Marie et son petit ami: --

----

2. Henri: --

3. Moi: --

4. Vous, Anne et Gisèle: --

----

5. Nous: --

6. Mon camarade de chambre: --

Les prépositions et les noms de lieux

*4.7   **Projets,** p. 90.

*4.8   **Projets de voyage,** p. 91 C.

4.9 **A l'agence de voyages.** You're working at a travel agency, and you need to keep track of places people ask about. For each statement or question you hear, write the English name of the country mentioned. You will hear each item twice.

Modèle: You hear: Et au Brésil, comment est le climat?
You write: *Brazil*

1. ----------------------------------- 4. -----------------------------------

2. ----------------------------------- 5. -----------------------------------

3. ----------------------------------- 6. -----------------------------------

Les jours, les mois et les saisons

*4.10 **C'est quand ton anniversaire?**, p. 93.

*4.11 **C'est quand ta fête?**, p. 93 A.

Modèle: Didier 23/5
You say: *La fête de Didier est le vingt-trois mai.*

1. Gilles 1/9   7. Dominique 8/8

2. Germaine 15/6   8. Colette 6/3

3. Jacqueline 8/2   9. David 30/12

4. Vincent 22/1   10. Serge 7/10

5. Albert 15/11   11. Olivier 12/7

6. Valérie 28/4   12. Yves 19/5

*4.12 **Activités**, p. 95 C.

4.13 **Projets pour la semaine.** Look at what Isabelle plans to do each day this week. Listen to the questions asked about her plans, and write the English name of the day she will do the activity. You will hear each question twice.

Modèle: You hear: Quel jour est-ce qu'Isabelle va faire la cuisine?
You write: *Tuesday*

lundi	*dentiste*
mardi	*cuisine*
mércredi	*musée – classe d'hist.*
jeudi	*acheter vêtements*
vendredi	*travailler*
samedi	*cinéma – Annick*
dimanche	*étudier examen litt.*

1. ------------------------------------   4. ----------------------------------

2. ------------------------------------   5. ----------------------------------

3. ------------------------------------

Les nationalités

*4.14   **La saison marche bien?**, p. 97.

*4.15   **A la résidence internationale**, p. 98 A.
Modèle: Angleterre (3)
            You say: *Il y a trois Anglais.*

1. Belgique (9)   7. Autriche (1)
2. Espagne (4)   8. Maroc (8)
3. Sénégal (6)   9. Japon (5)
4. Zaïre (7)   10. Allemagne (10)
5. Etats-Unis (14)   11. Russie (2)
6. Norvège (3)   12. Hollande (11)

4.16   **Nationalités.**   Jacques wants to know about the nationalities of various international figures.   Decide if the answers he gets are accurate, and underline OUI or NON.

Modèle: You hear:—Le Prince Charles est né en Angleterre, n'est-ce pas?
                     —Oui, il est canadien.
            You underline NON.

1. Le Roi Hassan II   OUI   NON

2. Catherine Deneuve   OUI   NON

3. Le président Bourguiba   OUI   NON

4. Claude Gauthier   OUI   NON

5. Le roi Baudouin   OUI   NON

6. François Mitterand   OUI   NON

7. Le président Mubarak   OUI   NON

8. Helmut Schmidt   OUI   NON

Intégration et perspectives

4.17 **Une histoire d'amour entre ciel et mer.** Listen to the following description of Martinique, an island in the French West Indies situated above the South American coast. Then decide if the statements below are VRAI or FAUX. You will hear the passage twice.

1. VRAI FAUX Many people of Martinique speak Creole, French, and English.

2. VRAI FAUX Carnival is celebrated in December.

3. VRAI FAUX The people of Martinique enjoy Carnival because everyone participates and dances in the streets.

4. VRAI FAUX Tourists like to visit the villages around Mount Pelée.

5. VRAI FAUX Tourists are also attracted to the exotic restaurants of the capital.

6. VRAI FAUX Tourists like best the hotels located in the small villages.

4.18 **En vacances.** Jacques and Anne Forestier are discussing their upcoming vacation. During the pauses provided, write what they say. Each line will be read twice, then the entire conversation will be read once again so that you can check your work.

Anne: --

Jacques: --

Anne: --

Jacques: ---

Anne: --

4.19 **Et vous?** A French friend is asking you what you generally do on vacation. Stop the tape after each question and write an appropriate answer in French. You will hear each question twice.

1. --

2. --

3. --

4. --

5. --

***4.20** **Prononciation et orthographe,** pp. 101-102.

5

CHAPITRE CINQ
La vie quotidienne: la nourriture et les repas

Xerox

2/17

PARTIE ECRITE

Mise en scène   *l'article défini*

Préférences. Name at least two foods that the following people like or dislike.

1. Les jeunes Américains adorent ---

    ----

2. Mes amis végétariens n'aiment pas ---

    ----

3. Moi, je déteste --

    mais j'aime ---

4. En général, les Américains n'aiment pas beaucoup --

    ----

5. Les enfants adorent --

    mais ils détestent --

6. Les Français aiment --

7. Les étudiants aiment ---

Les adjectifs démonstratifs

2/17

A. **Au marché.** Monique is looking at some produce at an outdoor market. Fill in the blanks in the conversation with the appropriate demonstrative adjectives.

   Le marchand: Qu'est-ce que vous désirez, madame?

M   je voudrais acheter ---------------------------- haricots verts,

---------------------------- épinards,

---------------------------- melon, ----------------------------

artichaut et ---------------------------- oignons. Est-ce que les

tomates sont bonnes?

Le marchand: Oui, ---------------------------- tomates sont bien mûres.

Monique: Et vos fruits?

Le marchand: ---------------------------- poires et

---------------------------- cerises sont excellentes.

Monique: Et vos oranges, elles sont comment?

Le marchand: Regardez ---------------------------- orange; est-ce qu'elle n'a

pas l'air bonne?

B. Critiques. Monsieur Bongoût rarely finds anything to his liking. Use the cues to re-create his statements.

Modèle: voiture (trop petite / trop grande)
Cette voiture-ci est trop petite et cette voiture-là est trop grande.

1. vin (mauvais / médiocre) --

----

2. femme (trop agressive / trop timide) --

----

3. hommes (incompétents / trop ambitieux) ----------------------------------

----

4. hôtel (pas confortable / trop petit) --

----

5. film (pas amusant / trop sérieux) --

----

6. enfants (terribles / pas assez polis) -------------------------------------

   ----

7. maisons (trop vieilles / trop modernes) ---------------------------------

   ----

8. livre (ennuyeux / pas assez amusant) -------------------------------------

   ----

9. appartement (pas assez moderne / trop grand) ----------------------------

   ----

10. affiche (pas belle / trop petite) ---

Le partitif

A. Au supermarché. The cashier at Carrefour is ringing up the purchases of Renée and Armand Perrier. Based on the illustration, indicate what they're going to buy.

B. La cuisine française. What do you know about French cuisine? Reconstruct the sentences to tell what ingredients are and are not in various French dishes.

Modèle: Dans le boeuf bourguignon: vin (oui), oignons (oui), pommes de terre (non)
Dans le boeuf bourguignon, il y a du vin et des oignons, mais il n'y a pas de pommes de terre.

1. Dans la quiche lorraine: jambon (oui), oeufs (oui), vin (non)

   ----

2. Dans la salade niçoise: tomates (oui), haricots (oui), fruits (non)

   ----

3. Dans la fondue suisse: fromage (oui), vin (oui), viande (non)

   ----

4. Dans le pain français: eau (oui), lait (non), oeufs (non)

   ----

5. Dans la bouillabaisse: poisson (oui), tomates (oui), oignons (oui), pommes de terre (non)

   ----

6. Dans les crêpes: oeufs (oui), lait (oui), poivre (non)

C. Au restaurant. Jacques is sitting in a restaurant looking at the menu. The waiter is trying to take his order. Fill in the blanks in their conversation with the correct definite, indefinite or partitive articles.

Le garçon: Au menu, il y a -------------- poulet avec -------------- épinards.

Jacques: Oh, je déteste -------------- les épinards. Est-ce que vous avez

-------------- haricots verts et -------------- artichauts?

Le garçon: Nous avons -------------- haricots verts mais nous n'avons pas

-------------- artichauts.

Jacques: Alors, je vais prendre -------------- poisson et --------------

salade et je vais boire -------------- eau minérale et --------------

vin.

Le garçon: Vous aimez -------------- pêches?

Jacques: Non, je préfère -------------- pommes et --------------

raisins.

Le verbe prendre *et le verbe* boire

A. Apprentis-cuisiniers. Marc and his wife Elise are apprentice cooks in a Parisian restaurant. Marc is describing his work. Complete what he says with the appropriate forms of the following verbs: **apprendre, comprendre, prendre.**

Ma femme et moi, nous sommes apprentis-cuisiniers. Nous

----------------------------- des leçons dans un grand restaurant parisien. C'est

passionnant, mais ce n'est pas facile. Nous travaillons de longues heures pour

----------------------------- notre métier *(occupation)*. Notre patron est un homme

qui adore faire la cuisine, mais il ne ----------------------------- pas toujours les

gens qui ont beaucoup à -----------------------------. Il est souvent impatient

quand nous ne ----------------------------- pas ses instructions ou quand nous n(e)

----------------------------- pas assez vite *(quickly)*. Cette semaine, j(e)

----------------------------- à faire des hors-d'oeuvres. Elise

----------------------------- à faire des sauces. Nous -----------------------------

tous des choses différentes. Certains ----------------------------- comment préparer

les viandes; d'autres ----------------------------- à préparer les spécialités de la

maison. Nous avons des clients de différents pays et ça aide *(helps)* quand on

60   Chapitre cinq

---------------------------------- plusieurs langues. Elise et moi, nous

---------------------------------- l'anglais. Une des employées

---------------------------------- des leçons d'espagnol et deux de nos amis

---------------------------------- le japonais.

B. Habitudes. Roxanne is telling an American friend what French people like to drink at different times. Complete Roxanne's statements with the correct forms of the verb **boire**.

2/22

Tu es curieux si les Français ------------------------ souvent du vin. C'est vrai

que les Français aiment bien ------------------------ du vin. En général, on

------------------------ du vin blanc avec le poisson et du vin rouge avec les

viandes rouges. Aux Etats-Unis, vous ------------------------------ des cocktails,

mais il y a des gens qui ------------------------------ un apéritif avant *(before)* le

dîner ou un digestif après--pour aider la digestion, bien sûr! Il y a d'autres

boissons qui sont importantes dans la vie de tous les jours. Par exemple, les

enfants ------------------------------ souvent du lait ou du jus de fruit avec leurs

repas. Moi, je ------------------------------ surtout de l'eau minérale ou du jus de

fruit. Quand il rentre *(returns)* de son travail, mon père

------------------------------ toujours un petit verre de vin avec ses amis, et nous

------------------------------ quelquefois du cognac après le dîner. Mais toi,

qu'est-ce que tu ------------------------------?

C. Un bon dîner. You have been invited by some French friends to eat in one of their favorite restaurants. Look at the menu below. How would you answer your friends' questions?

Soupes
Soupe à l'oignon gratinée
Soupe aux petits pois
Consommé de boeuf

Viandes
Rôti de porc jardinière
Filet de sole sauce au beurre
Boeuf bourguignon
Poulet aux olives et aux tomates

Légumes
Tomates provençales
Pommes de terre dauphinoises
Artichaut sauce vinaigrette
Frites

Salades
Salade de laitue

Desserts
Gâteau au chocolat
Tarte aux poires
Pêche Melba
Glaces assorties
Fromages assortis

Boissons
Eau minérale
Vin (rouge, blanc)
Bière (allemande, hollandaise, française)
Café

2/22

1. Est-ce que vous allez prendre de la soupe? --

   ----

2. Est-ce que vous allez boire du vin avec votre repas? ------------------------------

   ----

3. Qu'est-ce que vous prenez comme viande? Leur rôti de porc a l'air excellent.

   ----

4. Et comme légumes, qu'est-ce que vous prenez? ------------------------------

----

5. Est-ce que vous allez prendre de la salade? ------------------------------

----

6. Qu'est-ce que vous prenez comme dessert? Je recommande leurs glaces et leur

tarte aux poires. --

----

7. Est-ce que vous désirez du café après le repas? ------------------------------

----

Nombres, poids et mesures

A. A l'épicerie. A customer is giving his order to Madame Catel. What does he say?

Modèle: (250 grams of butter)
            Je voudrais deux cent cinquante grammes de beurre.

1. (a pound of coffee) --

----

2. (three slices of ham) --

----

3. (a bottle of mineral water) --

----

4. (a liter of red wine) --

----

5. (a can of peas) --

----

6. (a kilo of tomatoes) --

----

7. (a pound of peaches) --

----

8. (300 grams of cherries) --

B. Prix. Some people have bought the items listed below. Find the prices on the catalog page, and write out each one in full.

Modèle: platine à cassettes stéréo   *huit cent quatre-vingt-quinze*

1. radio portative --

2. testeur de piles *(batteries)* --

3. calculatrice de bureau --

4. récepteur multibande --

5. cassette vidéo --

6 x OC
+ PO
+ FM
+ GO

Récepteur multibande

Mettez-vous à l'écoute du monde grâce à ce récepteur ultra-sensible captant 6 bandes OC, les PO et la FM. **20-208**

Seulement
795

ALARRRM

Pensez SECURITE

Prix cat. ~~1.295~~ *Maintenant* **895**

• *Protection volumétrique et périmétrique*

Nombreuses possibilités d'extension. Alimentation de secours sur piles. **49-304**

Radio portative

GO/PO/FM

Prix cat. ~~299~~ *Maintenant* **219**

Profitez de notre offre pour vous procurer cette radio compacte dont vous rêviez. **12-9239**

Testeur de piles MICRONTA

Prix cat. ~~109~~ *Maintenant* **69**

• *Un appareil ultra-pratique*

8 échelles: 1,5V (1 et 150 mA), 3, 6, 9, 12, 15 et 22 V. Echelle à code de couleurs. **22-031**

NOTRE SOLUTION CREDIT

24x **202**⁶⁰
+ acompte de **490** •
Coût total à crédit: **5.352,40**
ou au comptant: **4.290**

A
51 cm
B

NOTRE SOLUTION CREDIT

12x **513**
+ acompte de **595** •
Coût total à crédit: **6.751**
ou au comptant: **5.995**

79⁵⁰ *pièce*

SUPERTAPE CHROME
SUPERTAPE CHROME
Vidéo Cassette L-750
...ette L-180

Le monde de la couleur

A. **Téléviseur Sharp C-2002/F.** Tube "Linytron plus" de 51 cm, commande à distance à infra-rouge,... **16-9011**
B. **Magnétoscope Sharp VC-471/F.** Commande à distance à 8 fonctions, tuner à 12 présélections,... **16-9012**

Cassettes vidéo

• *3 heures d'enregistrement*
44-7017 type VHS
44-7018 type BETAMAX

Do in class

A. **Au restaurant.** You are having dinner with some friends at a restaurant in Lyon. Write what you would say in French to tell or find out the following information.

1. Tell what you drink with your meals. Ask your friends what they generally

    drink. --

    ----

2. Find out what kind of meat they're having. ------------------------------

    ----

3. Say that you're having veal this evening, and ask if it's generally good here.

    ----

4. Say that you like vegetables very much, and that you're going to have peas and

    carrots. --

    ----

5. Tell your friends that you don't understand this waiter *(le garçon)* very well.

    ----

6. Find out if French people sometimes drink milk with their meals. ------------

    ----

7. Say that you aren't having any dessert, but that you would like to have a cup

    of coffee after dinner. --

C. **Recommendation.** Some French friends visiting your town have asked you to recommend a restaurant. Choose a restaurant that you like, and answer their questions about it.

Vos amis: Est-ce que c'est un nouveau restaurant?

Vous: --

Vos amis: Combien coûte un repas typique dans ce restaurant?

Vous: --

Vos amis: Quelles sont les spécialités de ce restaurant?

Vous: ---

Vos amis: Est-ce qu'il y a une bonne sélection de vins?

Vous: ---

Vos amis: Est-ce qu'il y a des employés qui comprennent le français?

Vous: ---

Vos amis: Quand vous mangez dans ce restaurant, qu'est-ce que vous prenez comme

viande, comme salade et comme dessert?

Vous: ---

C. Où est-ce qu'on va manger? You and your friends are in Paris and have decided to go out for dinner. Look at the restaurant ads below, and pick the ones that interest you the most and the least. Using vocabulary you know, try to get your friends to agree with your choices. The following expressions might be useful as you make your decision.

Côté positif: C'est une bonne idée, j'aime beaucoup la cuisine (chinoise); Ça a l'air bon (sympa); ça ne coûte pas trop cher.

Côté négatif: Ça va, mais je préfère la cuisine (chinoise); ça coûte trop cher; ça n'a pas l'air sympa.

----

68   Chapitre cinq

PARTIE ORALE

Mise en scène

*5.1 **On mange ici?**, p. 105.

5.2 **Au supermarché.** Paul Reynaud is doing his shopping at Mammouth, a French supermarket. For each drawing below, decide whether or not he mentions the foods shown and underline OUI or NON. You will hear each statement or question twice.

Modèle:  You hear: Je vais acheter des pommes.
You underline NON.

1.

OUI NON

2.

OUI NON

3.

OUI NON

4.

OUI NON

5.

OUI NON

6.

OUI NON

Les adjectifs démonstratifs

*5.3 **Chez le marchand de fruits et de légumes**, p. 108-109.

*5.4 **Au restaurant**, p. 109 A.

*5.5   **Indécision**, p. 109 B.

5.6   **Au restaurant.** Anne Collet and Françoise Lannes are having lunch together. Decide whether or not you hear a demonstrative adjective in each of their statements, and underline OUI or NON below. You will hear each statement twice.

Modèle: You hear: Ce café est excellent, n'est-ce pas?
You underline OUI.

1. OUI NON   3. OUI NON   5. OUI   NON

2. OUI NON   4. OUI NON   6. OUI NON

Le partitif

*5.7   **A la maison**, p. 112.

*5.8   **Au marché**, p. 112 A.

*5.9   **A la bonne soupe**, p. 113 C.

5.10   **Réponses.** Patrick is asking a friend about his food preferences. Listen to the questions he asks, and fill in the blanks below with the articles needed to answer each question correctly. You will need to decide whether to use the definite, indefinite or partitive articles.

Modèle: You hear: Qu'est-ce que tu détestes?
You write: *le* jambon

1. -------------- poisson   5. -------------- lait

2. -------------- gâteau   6. -------------- eau minérale

3. -------------- boeuf   7. -------------- fromage

4. -------------- pomme   8. -------------- légumes

Le verbe prendre *et le verbe* boire

*5.11   **Au restaurant**, p. 116.

*5.12   **Préférences**, p. 116 A.

*5.13   **Au restaurant**, p. 117 B.

5.14   **Préférences.** Some people are discussing their food preferences. Jot down what each person says in English. You will hear each statement twice.

Modèle: You hear: Paul et Hélène prennent chaque jour un bon petit déjeuner.
You jot down: *Paul et Hélène: have good breakfast every day*

1. les enfants: --

2. Alain: --

3. Toi: ---

4. Ma femme et moi: --

5. Sophie: --

6. Moi: ---

Nombres, poids et mesures

*5.15   Au supermarché, p. 119.

*5.16   Attention aux calories, p. 120 A.

Modèle: l'huile   895
Dans cent grammes d'huile, il y a huit cent quatre-vingt-quinze calories.

1.	le beurre	760	5.	la crème fraîche	255
2.	le chocolat	500	6.	les oeufs	162
3.	le sucre	399	7.	les pommes de terre	89
4.	le camembert	312	8.	les oranges	40

*5.17   A l'épicerie, p. 120 B.

5.18   Poids. Listen to how much the following items weigh, and write the weights in the space provided. You will hear each weight twice.

Modèle: You hear: Le morceau de fromage: cent quatre-vingt grammes
You write: *180 g*

1. Les oeufs: ------ g

2. La boîte de petits pois: ------ g

3. La paquet de thé: ------ g

4. Le paquet de chocolat: ------ g

5. La tranche de jambon: ------ g

6. Le poisson: ------ g

7. La bouteille de lait: ------ g

8. Le paquet d'épinards surgelés:

------ g

5.19 Au restaurant. You work in a restaurant, and you are the only person there who can take the dinner order of a French couple. Jot down their order briefly but completely in English. The order will be given twice.

	Woman	**Man**
1. appetizer		
2. meat		
3. vegetables		
4. bread/salad		
5. beverage		
6. dessert		

5.20 On fait le marché. Jean and Danielle Damon are doing the shopping for tonight's dinner together. Write what they say during the pauses provided. Each line will be read twice, then the entire conversation will be read a third time so that you can check your work.

Jean: --

Danielle: --

Jean: --

Danielle: --

Jean: --

Danielle: --

5.21 **Et vous?** A French friend wants to know about your eating habits. Stop the tape after each question and write an appropriate answer in French. Each question will be asked twice. Now begin.

1. --

2. --

3. --

4. --

5. --

*5.22 **Prononciation et orthographe,** p. 125.

6

CHAPITRE SIX
La vie quotidienne: logement et activités

PARTIE ECRITE

Mise en scène

A. **Identification.** Identify each of the numbered buildings or structures on the map.

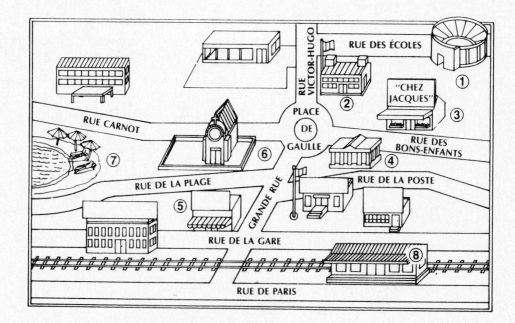

1. ----------------------------------- 5. -----------------------------------

2. ----------------------------------- 6. -----------------------------------

3. ----------------------------------- 7. -----------------------------------

4. ----------------------------------- 8. -----------------------------------

B. **Où est-ce qu'on va?** Some people are talking about where they are going and what they are going to do. Fill in the blanks in the conversation with the appropriate words or expressions.

Modèle: Daniel: Nous allons *à la boucherie* pour acheter de la viande.

Anne: Je vais ----------------------------- parce que j'ai une lettre à

envoyer à ma grand-mère. Mais avant ça, je vais acheter des cigarettes

-----------------------------.

Jean: Marcelle et moi, nous allons ----------------------------- Hachette parce

que nous avons besoin d'acheter un livre pour notre cours de littérature.

Pierre: Je vais ----------------------------- parce que j'ai envie de préparer du

jambon ce soir. Et puis je vais acheter du pain

-----------------------------.

Gisèle: Nous allons -----------------------------. Nous prenons un train pour

Avignon.

Alice: J'ai un examen difficile demain; alors, je vais

----------------------------- universitaire pour étudier.

Richard: Mon père aime bien le pain qu'on achète -----------------------------

de la rue La Salle.

Martine: ----------------------------- où vont mes enfants a une réputation

excellente.

Georges: Mes parents n'aiment pas le centre-ville; ils préfèrent habiter

-----------------------------.

Le verbe faire

A. Occupations. Monsieur Lambert is telling a friend about the activities of members of his family. Complete his statements by filling in the blanks with the appropriate forms of the verb **faire**.

1. Ma femme et moi, nous ------------------------ une promenade chaque matin.

2. Les enfants ------------------------ leurs devoirs, mais ils n'aiment pas

   ------------------------ leur chambre!

3. Nous ------------------------ du sport en famille.

4. Je ne ------------------------ pas souvent la cuisine. D'habitude, c'est ma

   femme qui ------------------------ la cuisine, et ce sont les enfants qui

   ------------------------ la vaisselle.

5. Le mois prochain, je vais ------------------------ du camping avec mes enfants.

6. Et vous, qu'est-ce que vous ------------------------ pendant les week-ends?

B. Curiosité. Using the words and phrases provided and following the model, formulate questions to find out what various people are doing. The time cues provided will determine whether you use the present or the immediate future of the verb **faire**.

Modèle: Jacques (aujourd'hui)
   Qu'est-ce que Jacques fait aujourd'hui?

1. Pierre et Hélène (le dimanche)

   ----

2. Jeanne et toi (le week-end prochain)

   ----

3. tu (aujourd'hui après les cours)

   ----

4. vos parents (dimanche prochain)

   ----

5. nous (demain)

----

6. vous (le vendredi soir)

C. Qu'est-ce qu'on fait? Using vocabulary you know, write at least five sentences telling who does what chores or activities in your family (or in your apartment or dorm) and when these things are done. You may wish to use the **mise en situation** on p. 134 of your text as a guide.

answers vary

Exemples: Mes camarades de chambre et moi, nous faisons le marché ensemble le samedi matin.
J'aime bien faire une promenade après le dîner parce que le quartier où j'habite est très beau.

1. --

2. --

3. --

4. --

5. --

Les prépositions

A. Le campus. Marie-Claire is explaining to a group of new students where various buildings in the university area are located. What does she say? -

Modèle: restaurant universitaire / près / bibliothèque
Le restaurant universitaire est près de la bibliothèque.

1. université / milieu / ville -------------------------------------

----

2. Café des Etudiants / derrière / mairie -------------------------------

----

3. stade / près / librairie ---

4. arrêt d'autobus / devant / banque ------------------------------------

----

5. pharmacie / loin / bureau de tabac --

----

6. poste de police / en face / hôpital --

----

7. station de métro / à côté / cinéma --

----

8. boulangerie / entre / magasin de chaussures / bureau de poste ---------------

----

B. Où est...? While you are sitting on a park bench in the Place Carnot, five different people ask you for directions. Use the map below to tell them how to get to these places.

Modèle: Où est la Librairie Larousse?
Prenez la rue de l'Université. Tournez à gauche. La Librairie Larousse est en face de l'église St-Jacques.

1. Où est l'arrêt d'autobus numéro dix-huit?

----

2. Je cherche le cinéma Vox. Est-ce que c'est loin d'ici?

----

3. Est-ce qu'il y a un bureau de tabac près d'ici?

----

4. Nous cherchons un hôtel près de la gare.

----

5. Où est l'Hôtel Beauséjour, s'il vous plaît?

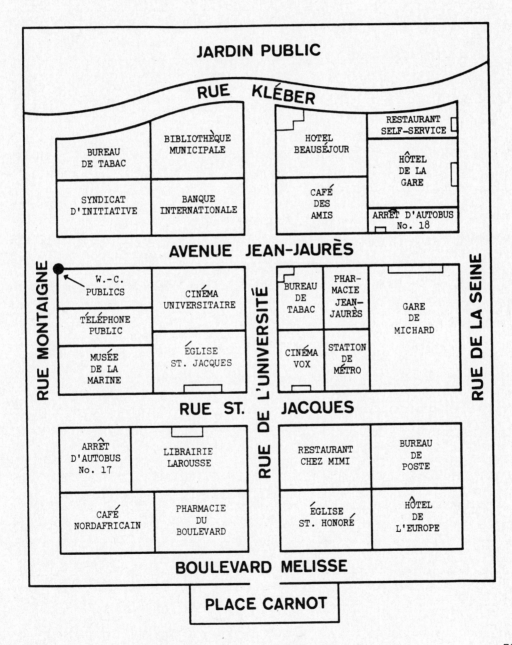

Les nombres ordinaux, les fractions et les pourcentages

A. Course de bicyclette. Below are the results of **Le Grand prix de la santé**, a bike race run in Martinique as reported in the newspaper **France-Antilles**. Tell how the indicated racers finished.

■CYCLISME■

Grand Prix de la Santé

LE CLASSEMENT

1. Paul Charles-Angèle (S.C.) les 107kms en 2h57'36''
2. Hugues Hierso (U.C.M. à 1''
3. Max Humbert (C.C.F.) à 55''
4. Sylvère Solbiac (P.P.) à 1'17''
5. Patrick Balmy (C.C.G.M.) à 1'17''
6. Jacques Jesbac (C.C.F.) à 1'17''
7. Philippe Augustin (C.C.M.) à 1'23''
8. Alex Martial (C.C.F.) à 1'26''
9. Jeannot Velmont (U.C.C.) à 1'31''
10. Guy Baubant (S.C.) à 1'31''
11. Bernard Londas (E.C.L.) à 1'31''
12. Michel Monthieux (E.C.L.) à 1'31''
13. Victor Nathan (C.C.F.) à 2'08''
14. Robert Carotine (U.C.M.) à 2'42''
15. Jean-Michel Atala (E.C.D.) à 2'45''
16. Alain Argentin (S.C.) à 2'45''
17. Ernest Granomort (V.C.R.) à 2'45''
18. Christian Roseau (U.C.M.) à 2'45''
19. Franck Ephestion (A.S.P.T.T.) à 2'45''
20. Thierry Salomon (P.P.) à 2'45''
21. Richard Jean-Elie (U.C.C.) à 4'50''
22. Joël Grapindor (E.C.L.) à 4'50''
23. Charles Ouisly (C.C.F.) à 5'49''
24. Denis Dintimille (V.C.R.) à 5'55''
25. Daniel Cepisul (E.C.D.) à 5'56''

■CYCLISME■

Modèle: Christian Roseau est *dix-huitième*.

1. Christian Roseau est --.

2. Daniel Cepisul est --.

3. Victor Nathan est --.

4. Paul Charles-Angèle est --.

5. Joël Grapindor est --.

6. Alex Martial est --.

7. Max Humbert est --.

8. Alain Argentin est --.

9. Bernard Londas est --.

10. Franck Ephestion est --.

B. **Quelques statistiques.** The following statistics provide information about housing patterns in France. Write out the percentage given in parantheses in each sentence.

Selon les statistiques récentes, --- (54%) des Français habitent maintenant dans une maison en comparaison avec

-- (33%) en 1970. Il est intéressant de

noter aussi qu'aujourd'hui --- (46%) des

Français habitent dans un appartement contre --

(against) --- (67%) en 1970. On remarque

aussi que ------------------------------------- (51%) des ménages sont

propriétaires de leur résidence principale. Parmi *(among)* les Français qui

possèdent leur logement, --- (73%) sont des

agriculteurs, ------------------------------------- (59%) sont des patrons de

l'industrie et du commerce *(executives)*, et --

(27%) sont des ouvriers.

Les Français sont en général assez mobiles. Par exemple,

-- (67%) n'habitent pas dans la ville où ils

sont nés en comparaison avec --- (43%) qui

restent dans la même région. ------------------------------------- (12%)

passent leur enfance à l'étranger.

Les nombres supérieurs à 1000

A. **Quelques dates célèbres.** In what year did the following events take place? Write out the years in words.

Modèle: la mort de Jeanne d'Arc à Rouen (1431)
quatorze cent trente et un
or *mille quatre cent trente-et-un*

1. la bataille d'Hastings (1066) ---

2. la fondation de la Sorbonne (1275) --

----

3. la découverte de l'Amérique par Christophe Colomb (1492) ------------------

----

4. la défaite de l'Armada (1588) ---

5. le débarquement du Mayflower en Amérique (1620) --------------------------

----

6. la prise de la Bastille (1789) --

7. l'alunissage de Neil Armstrong (1969) -------------------------------------

----

8. le centenaire de la Statue de la Liberté (1986) ---------------------------

----

B. Les super-riches. The women's magazine *Marie-Claire* offered a spoof on the rising cost of living for the super rich. Write out the prices for the items below in full.

1. Monnaie *(coin)* ancienne Louis XIII d'une extrême rareté. Vendue *(sold)* à un particulier 42 000 F en 1962, aujourd'hui estimée à 1 000 000 F.

----

2. 255 kg de caviar Beluga à 3 920 F le kg.

----

3. Vingt-huit nuits au Ritz à 34 638 F la nuit.

----

4. Un secrétaire *(writing desk)* Louis XVI, 995 700 F.

----

5. Dans le quartier du Marais, à Paris, 85 m². 12 000 F le m² pour un bel immeuble.

----

6. La Silver Spirit de Rolls Royce est à vous pour <u>909 000</u> F. Mais pour une Silver Spur, il faut compter <u>1 048 000</u> F.

---

7. Ouverture *(opening)* d'une boutique en franchise: <u>500 000</u> F.

---

8. Une soirée *(evening party)* pour sept cent personnes au château de Versailles loué pour l'occasion: <u>900 000</u> F.

Intégration et perspectives

A. **Où habitez-vous?** Write six or more sentences telling a French friend where you live in your town, and what the advantages and disadvantages are of living there (e.g., proximity to bus stop, university; number of shops, activities, etc.).

Exemple: J'habite dans un beau quartier. J'ai des voisins sympathiques. Mais l'arrêt d'autobus est trop loin de chez moi, et il n'y a pas de bons magasins.

B. **Un(e) Américain(e) à Paris.** Imagine that you are in Paris and want to find out the following information. Give the French equivalents of the following sentences.

1. Is the bank across from the bookstore? ---

---

2. Is there a small hotel near the railroad station? ------------------------------

----

3. We're looking for a good little café. -----------------------------------

----

4. Is the post office far from here? We need to mail some letters. -------------

----

----

5. Where is the Hotel Beauséjour? ---

----

6. Is the subway station behind the church? ----------------------------------

----

7. I need to go shopping. Where is there a department store? -------------------

----

8. We're going to the hospital. Do we turn right at the third street or at the

fourth street? ---

PARTIE ORALE

Mise en scène

*6.1   **Après le travail**, p. 129.

6.2   **Où?** People are talking about where they are going or where they can be found. Decide whether or not they give appropriate reasons for going to these places, and underline OUI or NON in your lab manual. You will hear each item twice.

Modèle: You hear: Nous sommes à l'arrêt d'autobus, parce que nous allons acheter une nouvelle voiture.
You underline NON.

1.	OUI NON	3.	OUI NON	5.	OUI NON
2.	OUI NON	4.	OUI NON	6.	OUI NON

Le verbe faire

*6.3 **C'est la vie, p. 134.**

*6.4 **Questions, p. 134 A.**

*6.5 **Qu'est-ce que tu fais cet après-midi?, p. 134 B.**

6.6 **Descriptions.** Decide whether or not the statements you hear describe the drawings in your lab manual, and underline OUI or NON. You will hear each statement twice.

Modèle:

You hear: Paul fait ses courses pendant le week-end.
You underline NON.

1. OUI NON   2. OUI NON   3. OUI NON

4.   OÙI   NON   5.   OUI   NON   6.   OUI   NON

Les prépositions

*6.7   **Excusez-moi, monsieur l'agent...**, p. 136.

*6.8   **C'est où?**, p. 136 A.

6.9   **Où?** Using the map in your lab manual as a guide, decide whether or not the statements you hear are VRAI or FAUX, und underline the appropriate words. You will hear each statement twice.

> **Modèle:**   You hear: Le bureau de poste est en face de la gare.
>   You underline FAUX.

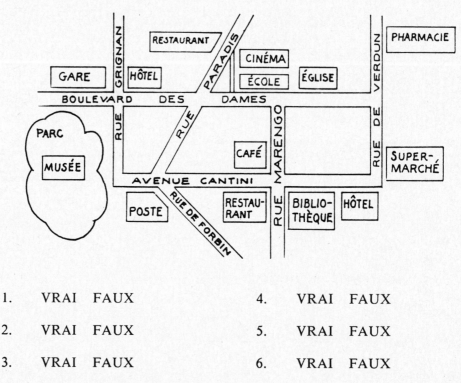

1.	VRAI FAUX		4.	VRAI FAUX
2.	VRAI FAUX		5.	VRAI FAUX
3.	VRAI FAUX		6.	VRAI FAUX

Les nombres ordinaux, les fractions et les pourcentages

*6.10   **Résidence et lieu de travail**, p. 139.

*6.11   Arrondissements, p. 140 A.

Modèle: 19^e
  Nous habitons dans le dix-neuvième.

1.	3^e	3.	14^e	5.	1er	7.	20^e	9.	2^e
2.	6^e	4.	18^e	6.	4^e	8.	16^e	10.	15^e

*6.12   Quelques statistiques, p. 140 B.

Modèle: 48,2%
  You say: *Environ la moitié.*

1.	30%	3.	19,8%	5.	24%
2.	73,2%	4.	50%	6.	67%

6.13   Sondage. An opinion poll was conducted to find out what possessions French people have. Listen to each statement from the poll and write the percentages you hear in your lab manual. You will hear each statement twice.

Modèle: You hear: Quatre-vingt-onze virgule deux pour cent des Français
  possèdent une télévision.
  You write: *91,2%*

1.   une voiture: --------------

2.   un réfrigérateur: --------------

3.   un téléphone: --------------

4.   une machine à laver: --------------

5.   une télévision en couleurs: --------------

6.   un magnétoscope: --------------

7.   un congélateur *(freezer)*: --------------

8.   un lave-vaisselle: --------------

Les nombres supérieurs à 1000

*6.14   Achat d'une voiture, p. 141.

*6.15 Populations, p. 142 A.

Modèle: Lyon (1 150 000 h)
> You say: *Lyon est une ville d'un million cent cinquante mille habitants.*

1. Toulouse (500 000 h)

2. Le Havre (265 000 h)

3. Bordeaux (590 000)

4. Nice (440 000 h)

5. Grenoble (390 000 h)

6. Strasbourg (360 000 h)

7. Tours (235 000 h)

8. Clermont-Ferrand (225 000 h)

*6.16 Leçon d'histoire, p. 142 B.

Modèle: Charlemagne (768-814)
> You say: *de sept cent soixante-huit à huit cent quatorze*

1. François 1er (1515-1547)

2. Henri IV (1589-1610)

3. Charles VIII (1483-1498)

4. Louis XIV (1661-1715)

5. Louis XVI (1774-1792)

6. Napoléon 1er (1804-1815)

7. Napoléon III (1852-1870)

8. la 3e République (1875-1940)

9. la 4e République (1946-1958)

10. la 5e République (1958-présent)

6.17 Appartements. A realtor is telling you about the apartments she has listed and how much each one costs. Write the price you hear for each apartment.

Modèle: You hear: L'appartement dans la rue Monge coûte six cent vingt-cinq mille francs.
> You write: *la rue Monge: 625 000 F*

1. la rue Cler: ---------------------

2. le boulevard Voltaire: ---------------------

3. le boulevard Raspail: ---------------------

4. la rue d'Italie: ---------------------

5. la rue de Sèvres: ---------------------

6. la rue du Cherche-Midi: ---------------------

7. le boulevard Saint-Jacques: ---------------------

8. la rue Mayet: ---------------------

Intégration et perspectives

6.18 Avantages et inconvénients. Marie-Claire is talking about her home town, Pons, in southern France. Listen to what she says, then answer the questions in your lab manual.

1. VRAI FAUX Pons is a city of fewer than 7,000 residents.

2. VRAI FAUX The churches there date back many centuries.

3. VRAI FAUX The pace of life in Pons is slow.

4. VRAI FAUX People must leave Pons to do their shopping.

5. VRAI FAUX Young people enjoy the night life and the beaches in Pons.

6.19 Où est la bibliothèque? You've asked a police officer for directions on how to get to the library. Write down what he tells you. Each line will be said twice, then the entire set of directions will be given once again so that you can check your work.

1. --

2. --
    ----

3. --

4. --

5. --

6.20 Et vous? A French friend is asking you questions about where you live. Stop the tape after each question and write an appropriate answer. You will hear each question twice. Now begin.

1. --

2. --

3. --

4. --

5. --

6. --

*6.21 Prononciation et orthographe, pp. 149-150.

7

handwritten: INSTEAD, DO PAR: (5-7 phrases)
• "Mon programme préféré" — use vocab. in text

CHAPITRE SEPT
Le temps passe

PARTIE ECRITE

Mise en scène

Qu'est-ce qu'il y a à la télé? Some French friends have asked you to talk about various types of American TV programs. Which programs would you or would you not recommend to them, and why?

Exemples: *A mon avis,* LA Law *est une bonne série. C'est une émission à ne pas manquer.*
Hollywood Squares *est un jeu télévisé bête. C'est un navet!*

1. --

----

2. --

----

3. --

----

4. --

----

5. --

L'heure

A. Heures de travail. Some students are talking about their part-time jobs. Use the cues to tell how long each works on a daily basis.

Modèle: je (8:00 A.M. - 1:00 P.M.)
Je travaille de huit heures du matin à une heure de l'après-midi.

1. Paul (3:00 P.M. - 7:30 P.M.) --

    ----

2. Roger et Jean-Luc (1:00 A.M. - 5:30 A.M.) ------------------------------------

    ----

3. tu (12:30 P.M. - 2:30 A.M.) ---

    ----

4. nous (8:30 P.M. - 2:30 A.M.) --

    ----

5. Sophie (11:00 A.M. - 1:30 P.M.) ---

B. Voyages en avion. A French employee of a Canadian airline is telling customers when various flights are available. Based on the information in the schedule below, how would the employee answer these questions? Write out the times in full and convert 24-hour time to the 12-hour system.

Modèle: A quelle heure est-ce qu'il y a un avion pour Ottawa ce soir?
A sept heures.

1. Il y a deux avions pour Edmonton via Toronto aujourd'hui, n'est-ce pas? ------

    ----

2. Pour aller à Ottawa via Montréal, à quelle heure est-ce qu'il faut partir? ---

    ----

3. Il y a un avion qui va de Québec à Miami le soir. A quelle heure est-ce qu'il

    arrive à Miami? ---

    ----

4. Je travaille jusqu'à quatre heures et demie. A quelle heure est-ce qu'il y a un avion pour New York? --

   ----

5. Pour arriver à Halifax avant onze heures du matin, à quelle heure est-ce qu'il faut quitter Québec? --

   ----

6. A quelle heure est-ce que l'avion de 20 H 05 arrive à Montréal? -------------

   ----

20	**From/De: Québec**

D A ✕♨🛏🎵 #   † ①②③④⑤⑥⑦   ▶ ◀

Québec (cont.)

Edmonton MDT F $314 Y $196 CH $227
Via Montréal
07.15	13.10 ✕♨	AC503-**AC123**	2	①②③④⑤⑥⑦	
13.25	19.30 ✕♨	AC675-AC179	4	①②③④⑤⑥⑦	
16.00	21.30 ✕	AC525-AC143	2	①②③④⑤ - -	

Via Toronto
| 17.10 | 22.25 ✕♨ | AC535-**AC137** | 1 | ①②③④⑤⑥⑦ | |
| 18.50 | 00.55 ♨ | AC523-AC159 | 2 | - ② - - - - - | 12.09.78 |

Halifax/Dartmouth ADT Y $63
Via Fredericton
| 10.15 | 15.00 | AC674-PV202 | 3 | ①②③④⑤⑥⑦ |

Via Montréal F $167 Y $104 X $157
07.15	10.55 ✕	AC503-AC602	1	①②③④⑤⑥⑦
11.15	15.30 ✕	AC515-AC182	1	①②③④⑤⑥⑦
13.25	19.45 ✕	AC675-AC160	1	①②③④⑤⑥⑦
16.00	19.45 ✕	AC525-AC160	1	①②③④⑤ - -

Miami EDT F $265 Y $166 CH $192
Via Montréal
| 07.15 | 12.30 ✕ | AC503-AC930 | 1 | ①②③④⑤⑥⑦ |
| 20.05 | 01.30 ♨🎵 | AC533-AC938 | 1 | - - - - ⑤⑥ - |

Montréal EDT F $53 Y $33 X $50
07.15	07.55	AC503	-	①②③④⑤⑥⑦
11.15	11.55	AC515	-	①②③④⑤⑥⑦
13.25	14.05	AC675	-	①②③④⑤⑥⑦
14.25	15.05	AC517	-	①②③④⑤ - -
16.00	16.40	AC525	-	①②③④⑤ - -
17.50	18.30	AC529	-	- - - - ⑤⑥ -
20.05	20.45	AC533	-	①②③④⑤⑥⑦

New York EDT F $122 Y $76 CH $91
Via Montréal
07.15	11.10	AC503-AC742	1	①②③④⑤⑥ -
07.15	12.20	AC503-AC744	1	①②③④⑤⑥⑦
11.15	15.35	AC515-AC746	1	①②③④⑤⑥⑦
13.25	19.00	AC675-AC750	1	①②③④⑤⑥⑦
16.00	19.00	AC525-AC750	1	①②③④⑤ - -
17.50	21.40	AC529-AC754	1	- - - - ⑤⑥ -

Ottawa/Hull EDT F $75 Y $47 X $71
07.00	07.45	AC507	-	①②③④⑤ - -
07.15	09.00	AC503	1	①②③④⑤⑥⑦
18.50	19.35	AC523	-	①②③④⑤⑥⑦

Via Montréal
| 13.25 | 15.15 | AC675-AC179 | 1 | ①②③④⑤⑥⑦ |

Le passé composé avec l'auxiliaire avoir

A. Pendant le week-end. Use the words and phrases to tell what various people did over the weekend.

Modèle: tu / étudier pour un examen de sciences politiques
Tu as étudié pour un examen de sciences politiques.

1. nous / regarder un documentaire à la télévision ------------------------------

   ----

2. Jeanne et Michelle / être très malades ---

   ----

3. je / décider d'aller au cinéma avec des amis ------------------------------------

   ----

4. vous / acheter un magnétoscope --

   ----

5. tu / parler au téléphone avec tes parents -------------------------------------

   ----

6. Roger / avoir des difficultés avec sa voiture ---------------------------------

   ----

B. Qu'est-ce qui ne va pas? Edouard gets easily upset or worried when people he knows suddenly change their daily habits. Write the questions he asks by giving the **passé composé** of the following sentences.

Modèle: En général, le soir, tu téléphones à tes amis.
Pourquoi est-ce que tu n'as pas téléphoné à tes amis?

1. Souvent Mireille et vous, vous buvez de l'eau minérale avec vos repas. -------

   ----

2. Après le dîner, Paul et moi, nous faisons la vaisselle ensemble. -------------

   ----

3. D'habitude, Micheline travaille de 9 heures à 5 heures. ---------------------

   ----

4. En général, les enfants sont très gentils. ----------------------------------

   ----

5. D'habitude, Véronique et André prennent le dîner à sept heures et demie. ----

----

6. Souvent, les Lejeune dînent au restaurant. ------------------------------------

----

7. D'habitude, tu as le temps de travailler. ------------------------------------

----

8. Souvent, vous faites le marché à Carrefour. ------------------------------------

----

C. **Le week-end dernier.** Write five or more sentences in the **passé composé** telling what you and your friends did or didn't do last weekend. Use a different verb in each sentence, but do not use **aller, rester, rentrer** or **arriver.**

Finir *et les verbes de la deuxième conjugaison*

A. **Retravailler.** In France, an organization called "Retravailler" has been created to help women re-enter the work force after raising a family. The following statements were made at a recent meeting. Fill in the blanks in the statements with the appropriate form and tense of one of the following verbs: **accomplir, choisir, finir, grandir, obéir, punir, réfléchir, réussir.**

[handwritten: includes de + inf. !]
[handwritten: Ex : avoir peur de & la difficulté de]
[handwritten: Present + P.C. of -ir verbes!]

1. Pendant notre dernière réunion, nous ---------------------------- des choses

importantes, n'est-ce pas? Par exemple, nous ---------------------------- à

quelques problèmes de femmes qui désirent retravailler.

2. Les mères de famille qui travaillent ont des enfants qui

---------------------------- devant la télé.

3. Cette semaine, nous allons parler de la difficulté de

----------------------------- une bonne gardienne d'enfants. On a besoin d'une

gardienne qui n'a pas peur de ----------------------------- les enfants quand ils

ne sont pas sages ou quand ils ----------------------------- à leurs parents.

4. Les femmes qui désirent retravailler ----------------------------- souvent un

travail qui laisse du temps pour la famille.

5. A mon avis, les hommes n'encouragent pas assez souvent leurs femmes à

----------------------------- dans un nouveau travail.

6. Je ----------------------------- au bureau à cinq heures du soir, mais ma

journée de travail ne ----------------------------- pas avant dix heures. C'est

pourquoi je suis toujours fatiguée!

B. Choix d'une université. Answer the following questions about your choice of a
college or university. GO OVER in class?

1. Pourquoi est-ce que vous avez choisi cette université? -----------------------

----

2. Est-ce que vous avez réfléchi longtemps à ce choix? -----------------------

----

3. Est-ce que vous êtes content(e) des choses que vous avez accomplies ce

trimestre? ---

----

4 5. En général, est-ce que vous réussissez bien dans vos études? Pourquoi ou

pourquoi pas? --

----

5 6. Quand est-ce que vous allez finir vos études et qu'est-ce que vous allez faire

après? ---

Le passé composé avec l'auxiliaire être

A. **A quelle heure?** Use the cues to tell when each of these people arrived on campus today.

Modèle: Armand / 8 h 15
Armand est arrivé à huit heures et quart.

1. Moi, je / 10 h 15 --

2. Louise et Nathalie / 12 h 20 --

   ----

3. Nous / 8 h 45 ---

4. Jacqueline / 11 h 30 ---

   ----

5. Vous / 10 h 45 --

6. Roger et Hélène / 1 h 00 ---

   ----

7. Tu / 9 h 10 --

B. **En vacances.** Marie Besnard and Daniel Sansou are talking about what they did last summer. Complete their conversation by filling in the blanks with the **passé composé** of the verbs in parentheses. Some verbs are conjugated with **avoir**, others with **être**.

Marie: Où est-ce que tu ------------------------------ (aller) l'été dernier?

Daniel: Mon frère et moi, nous ------------------------------ (aller) en Espagne.

Ma soeur Dominique ------------------------------ (rester) à Paris où elle

------------------------------ (travailler) dans un hôtel. Et toi?

Marie: Moi, je ------------------------------ (aller) en Hollande avec des amis.

Nous ------------------------------ (visiter) le pays et nous

------------------------------ (passer) une semaine à Amsterdam. Et au

mois de juillet, mes amies américaines ------------------------------ (arriver)

chez nous.

Daniel: Au mois d'août, deux de mes amis ------------------------------ (aller) au

Canada. Ils ------------------------------ (avoir) des problèmes pendant le

voyage. Leur avion ------------------------------ (arriver) en retard et

leurs valises ------------------------------ (ne pas arriver). Ils

------------------------------ (aimer) Montréal et Québec, mais ils

------------------------------ (ne pas avoir) le temps de visiter le reste du

pays. Ils ------------------------------ (rentrer) à Paris fatigués mais

contents. Ils ------------------------------ (décider) de passer un mois aux

Etats-Unis l'été prochain.

C. **Et vous?** Using the model as a guide, indicate whether or not you did the following things last summer. Remember that some verbs are conjugated with **avoir**, others with **être**.

Modèle: travailler dans un magasin de vêtements
Oui, j'ai travaillé dans un magasin de vêtements.
Non, je n'ai pas travaillé dans un magasin de vêtements. Je suis resté(e) à à la maison.

1. aller à l'université --

----

2. voyager dans un pays étranger ---

----

3. être paresseux/paresseuse ---

----

4. faire du sport --

----

5. rester à la maison --

----

6. passer des vacances intéressantes -------------------------------------

----

7. avoir de la visite de vos amis --

----

8. réussir à trouver du travail --

Intégration et perspectives

A. **Qu'est-ce qu'il y a à la télé?** Imagine that you've been put in charge of a university television station. What programs would you include, and at what time would they be on the air? Describe five or more programs you would present.

Exemple: *A huit heures du matin, on va présenter des cours télévisés pour les étudiants qui préfèrent rester à la maison pour étudier.*

B. **Hier.** Using vocabulary you know, tell what you did yesterday at each of the times given. If you don't know the words for a certain activity, find another way to say what you did.

9 h --

10 h --

11 h --

12 h --

1 h --

2 h --

3 h ---

4 h ---

5 h ---

6 h ---

7 h ---

8 h ---

C. **C'est votre tour.** Imagine that you are a TV script writer. Choose one of the daytime or evening soap operas and write a story line that you would like to see. Tell what different characters did, where they went, what exciting things happened, etc.

PARTIE ORALE

Mise en scène

*7.1 **Télévision: Les sélections de la semaine,** pp. 153-154.

7.2 **Sur Canal Plus.** Marie-Anne is looking at the schedule of programs that are on Canal Plus today. Decide if her statements correctly describe the schedule below, and underline OUI or NON. You will hear each statement twice.

Modèle: You hear: Je vais regarder Top 50 à 20 h 05 parce que j'aime
beaucoup la musique.
You underline OUI.

TÉLÉVISION-RADIO

LUNDI 19 NOVEMBRE   ® = Rediffusion

canal plus   FILM   CLÉMENTINE TANGO

+ : Émissions « en clair » pouvant être captées même si le récepteur est dépourvu d'un décodeur.
Pour recevoir ces émissions, il convient néanmoins de prérégler sur le téléviseur une « touche-programme » inemployée (en général à partir de la touche 4) sur le canal de l'émetteur qui relaie Canal Plus dans la région de réception.

7.00 | **7/9**
Magazine de l'information. Invités : Pierre Desproges, Michel de Grèce, Céline Dion, Valérie Mairesse et David Koven.

9.00 | **Le Petit Monde de Don Camillo** ®
Film français de Julien Duvivier (1952). Avec Fernandel et Gino Cervi. Durée annoncée : 105 minutes.

10.50 | **Harry Tracy** ®
Film d'aventures américain de William Graham (1982). Avec Bruce Dern. Durée annoncée : 100 minutes.

12.30 | **Batman** ®
Série américaine. 2e épisode.

13.05 | **Jeu : Les Affaires sont les affaires**

13.30 | **Isaura**
Numéro 10.

14.05 | **Théorie du 1 %**
Série policière française de Gérard Marx.

14.55 | **Les Chemins de la cocaïne**
Reportage sur le trafic de la cocaïne, de la Colombie à la Bolivie, par Brian Moser.

15.50 | **Chronique policière**
Série américaine de Jerry London. avec Charlton Heston, Keith Karradine et Stephen Collins. 2e épisode.

17.25 | **Cabou Cadin**
● Les Minipouss (dessin animé).

18.00 | **Surtout l'après-midi**
Invité : Don Kent.

18.40 | **Isaura**

19.15 | **Tous en scène** +

20.05 | **Top 50** +
Hit-parade des ventes de disques.

20.30 | **Clémentine Tango**
Film français de Caroline Roboh (1982). Avec Claire Pascall et François Helvey. Durée annoncée : 100 mn.

22.15 | **Les K.O. de Canal Plus**
Spécial Ray Leonard. Invité : Jean-Claude Bouttier.

23.15 | **Football américain**

1.20 | **La Bête** ®
Film érotique français de Valérian Borowczyk (1975). Avec : Sirpa Lane. Durée annoncée : 95 mn.

Flashes d'informations aux environs de 13.00, 17.55, 20.00, 22.10, 2.50 et 7.00.

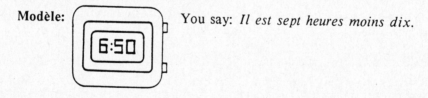

1. OUI NON   4. OUI NON   7. OUI NON

2. OUI NON   5. OUI NON   8. OUI NON

3. OUI NON   6. OUI NON

L'heure

*7.3   **Au bureau de renseignements, p. 158.**

*7.4   **Quelle heure est-il?, p. 159 A.**

Modèle: You say: *Il est sept heures moins dix.*

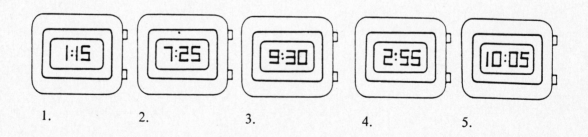

1.   2.   3.   4.   5.

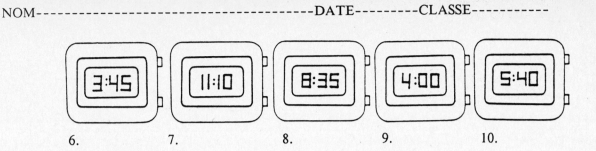

6.   7.   8.   9.   10.

*7.5   **A l'aéroport,** p. 159 B.

7.6   **A la Gare de Lyon.** While you're at a train station in Paris, you listen to the announcements of train departures. Write in the times you hear. You will hear each item twice.

Modèle: You hear: Le train pour Vintimille va partir à 17 heures 15.
          You write: *17 h 15*

1. Marseille -------------------------   4. Bâle ------------------------

2. Lyon -------------------------   5. Rome ----------------------

3. Genève -------------------------   6. Grenoble ---------------------

Le passé composé avec avoir

*7.7   **Vous avez été sages?,** p. 163.

*7.8   **Activités et occupations,** p. 163 A.

*7.9   **Encore et toujours des excuses!,** p. 163 B.

7.10   **Nouvelles.** Marie-France is telling her family what she and her friends have done recently. Jot down in English what each person did and when. You will hear each statement twice.

Modèle: You hear: Le week-end dernier, mes amis et moi, nous avons fait
                     une promenade à la campagne.
          You jot down: *last weekend took walk with friends in country*

1. Moi: --

2. Nous: ---

    ----

3. Mes amis et moi: --

    ----

4. Moi: --

5. Mes amis: --

----

6. Moi: --

Finir *et les verbes de la deuxième conjugaison*

*7.11 **On va au ciné?**, p. 166.

*7.12 **A quelle heure?**, p. 167 A.

*7.13 **Lieu de naissance**, p. 167 B.

7.14 **Qui parle?** You overhear some people talking. Based on what you hear, decide whether each person speaking is a teacher or a student, and check the appropriate column below. You will hear each statement or question twice.

Modèle: You hear: Voici les choses que vous allez accomplir dans ce cours.
You mark: *un professeur*

un professeur   un(e) étudiant(e)

1. --------------   --------------

2. --------------   --------------

3. --------------   --------------

4. --------------   --------------

5. --------------   --------------

6. --------------   --------------

Le passé composé avec l'auxiliaire être

*7.15 **Pendant le week-end**, pp. 168-169.

*7.16 **Pendant le week-end**, p. 169 A.

*7.17 **Occupations d'une étudiante française**, p. 170 C.

7.18 **Une journée à oublier.** Jacques Dupont spent the day at home while his wife was away on business. Unfortunately, very litte went right. Jot down in English what Jacques says happened that day. You will hear each statement twice.

Modèle: You hear: Ma femme a quitté la maison à sept heures et demie du matin.

You jot down: *wife left at 7:30 a.m.*

1. Ma fille: --

2. Les enfants: --

3. Moi: --

----

4. Mon fils: --

5. Les enfants: --

6. Mon fils: --

7. Ses amis: --

8. Moi: --

Intégration et perspectives

7.19 **Programmes du soir.** One evening during your visit to Montreal, you and a friend watch TV. Listen as the announcer on a French-Canadian station talks about the evening's programs. Decide whether or not your friend has understood by marking his statements in your lab manual VRAI or FAUX. You will hear each item twice.

1. VRAI FAUX   Our energy crisis will be discussed on "Nova."

2. VRAI FAUX   I'm interested in classical music, and there is a special program on it that I should enjoy.

3. VRAI FAUX   We'll be able to see what an American program sounds like in French.

4. VRAI FAUX   We're in luck, because there is a Canadian tennis match on tonight.

5. VRAI FAUX   The program at ten o'clock is a rerun.

103

7.20 **Hier soir.** Denise asks her roommate Hélène about what she did last night. Write their conversation in the space provided. Each line will be given twice, then the entire conversation will be read a third time so that you can check your work.

Denise: ---

Hélène: ---

Denise: ---

Hélène: ---

7.21 **Et vous?** A French friend is asking you questions about what you did last weekend. Stop the tape after each question and write an appropriate answer in French. You will hear each question twice.

1. ---

2. ---

3. ---

4. ---

5. ---

***7.22** **Prononciation et orthographe,** p. 175.

8
CHAPITRE HUIT
La pluie et le beau temps

PARTIE ECRITE

Mise en scène

A. **Quel temps fait-il?**   Use the map of Canada to tell what the weather was like yesterday in the cities listed below.

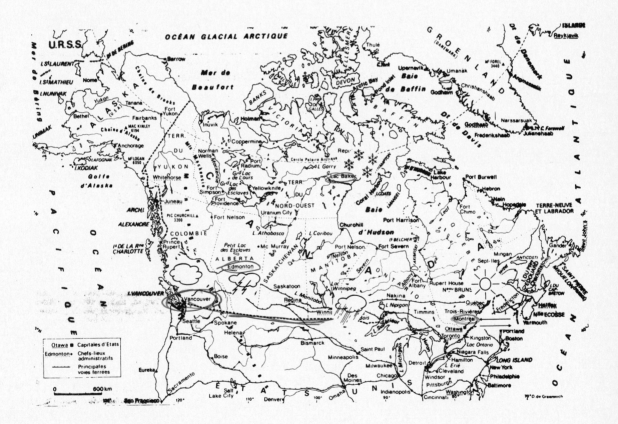

Modèle: *A Québec, il a fait du soleil.*

1. A Montréal, --

2. A Vancouver, ---

3. A Winnipeg, ---

4. A Lac Baker, --

5. A Edmonton, --

B. La pluie et le beau temps. In your opinion, what would be good or ideal weather conditions for each of the following situations? Begin each response with **j'espère** *(I hope)* and use a different weather expression each time.

Exemple: Je voudrais faire une promenade sur le campus cet après-midi.
J'espère qu'il ne va pas faire trop froid.

1. Nous avons un match de football important la semaine prochaine.

   ----

2. J'ai besoin de passer le week-end à étudier pour des examens.

   ----

3. Mes ami(e)s et moi, nous allons faire du ski la semaine prochaine.

   ----

4. J'ai un examen aujourd'hui dans ma classe de sciences.

   ----

5. Je suis fatigué(e) et je voudrais rester à la maison demain.

   ----

6. Nous allons passer nos vacances à la plage.

C. Ça dépend du temps qu'il fait. Referring to your own experience, complete the following sentences with appropriate weather expressions.

1. Je ne quitte pas la maison quand ---

   ----

2. Il y a souvent des accidents quand --

3. En général, on ne va pas à la plage quand -------------------------------------

----

4. Je n'aime pas voyager quand ---

5. Je préfère faire des promenades quand -------------------------------------

----

6. Je fais du sport quand --

7. Les étudiants n'aiment pas aller en classe quand --------------------------

----

8. Je n'aime pas faire du camping quand --------------------------------------

----

Les expressions idiomatiques avec avoir

A. **Les étudiants n'ont pas toujours la vie facile.** Some students are talking about various difficulties they are having. Re-create their statements by filling in the blanks with the correct form of the appropriate **avoir** expression.

1. Ce n'est pas juste. Quand il y une discussion entre les professeurs et les

   étudiants, ce sont toujours les professeurs qui

   ---.

2. Les étudiants qui mangent dans ce restaurant universitaire n'ont pas de chance;

   avant le dîner, ils --, mais après le

   dîner, ils --- à l'estomac *(stomach)*!

3. Nos chambres ne sont pas très confortables; en été, on

   ---------------------------------------, et en hiver, on

   ---------------------------------.

4. Au début de l'année, les étudiants -- mais

   ils oublient souvent leurs bonnes intentions.

5. Quelquefois les professeurs oublient d'annoncer quand les examens vont

   ---.

6. Quand on a étudié jusqu'à trois heures du matin, le jour après on

   ---.

7. En général, les étudiants ne sont pas riches et ils

   --- argent.

8. Dans les bars près du campus, il y a quelquefois des étudiants qui boivent trop

   et le jour suivant ils ---.

B. Et vous? Using vocabulary you know, complete the following sentences to express your opinions. Vary your sentences as much as possible.

1. Ce week-end, j'ai l'intention de ---

   ----

2. Quand il pleut, j'ai souvent envie de ---

   ----

3. Moi, j'ai besoin de ---

   ----

4. Pendant l'été, j'ai l'intention de ---

   ----

5. Je suis courageux(euse); je n'ai pas peur de(s) ---

   ----

6. Le vendredi après-midi, les étudiants n'ont pas envie de ---

   ----

Les verbes conjugués comme partir *et comme* venir

A. A l'aéroport. Passengers on a flight from Paris to Algiers are getting acquainted and are discussing their vacation or business trips. Use the words and phrases given to re-create their statements.

Modèle: d'où / est-ce que / vous / venir / monsieur?
D'où est-ce que vous venez, monsieur?

1. moi, je / venir / de Bruxelles --

   ----

2. à quelle heure / est-ce que / nous / partir? --

   ----

3. les avions de cette compagnie / ne jamais partir / à l'heure ------------------

   ----

4. les touristes / devenir / très impatients quand leur avion est en retard -----

   ----

5. nous / venir de / visiter / Versailles --

   ----

6. ma femme et moi, nous / revenir / à Paris tous les ans ----------------------

   ----

7. ce matin, je / sortir / de l'hôtel à sept heures ----------------------------

   ----

B. **Dans une agence de voyages.** Imagine that you are working for a travel agency in Montreal and are talking to a group of French tourists. How would you say the following in French?

1. Have you just arrived in Montreal? --

   ----

2. If you feel like going out this evening, there are excellent restaurants and

   theaters in Montreal. --

   ----

3. Do you intend to leave Monday morning? --

   ----

4. We're in the process of looking for a hotel. --

   ----

5. People don't understand why their planes leave late. ---------------------------

----

6. We're going to come back to Montreal next summer. ---------------------------

----

Les questions par inversion

A. Le week-end dernier. André is asking questions about what various people did last weekend. Use the cues provided to give André's questions.

Modèle: Où / vous / aller le week-end dernier?
Où êtes-vous allé(e) le week-end dernier?

1. Monique / avoir besoin de rester à la maison? -------------------------------

----

2. Eric et Robert / sortir avec Jean-Louis? --------------------------------------

----

3. Quand / vous / partir pour Lille? ---

4. Pourquoi / Paul / prendre le train pour Lyon? --------------------------------

----

5. Quand / il / arriver ? ---

6. Combien / nous / payer pour dîner à la Tour d'Argent? ----------------------

----

7. Sophie / avoir envie d'aller au cinéma? --

----

8. Comment / tu / trouver la nouvelle pièce de la Comédie Française? -----------

----

9. Jacqueline / passer le week-end à étudier pour un examen? -------------------

----

10. Marianne / sortir avec Henri? ---

B. Dialogue. While traveling in Quebec, Lucien Leroux asked a policeman several questions. Based on the policeman's answers, write questions that Lucien might have asked. Use inversion in each question.

Modèle: Lucien: *La banque est-elle près d'ici?*
L'agent: Oui, la banque est près d'ici.

1. Lucien: --

   L'agent: Oui, c'est un restaurant français.

2. Lucien: --

   L'agent: Oui, les touristes étrangers trouvent notre région très agréable.

3. Lucien: --

   L'agent: Il y a trois restaurants italiens dans le centre-ville.

4. Lucien: --

   L'agent: On parle anglais et français dans les magasins.

5. Lucien: --

   L'agent: Oui, il y a un arrêt d'autobus près de la gare.

6. Lucien: --

   L'agent: En général, il fait très beau ici en été.

Les verbes conjugués avec l'auxiliaire être

A. Bonnes et mauvaises nouvelles. A newscaster is reporting the day's events on the evening report. Complete her statements with the appropriate form of a verb from the list below.

arriver; devenir; monter; mourir; naître; partir; rester; revenir; tomber; venir

1. Deux hommes et une femme ------------------------------ dans un accident

   d'auto.

2. Le Président et sa femme ------------------------------ d'un voyage en Afrique

   du Nord.

3. La championne de tennis, Sylvie Martin, ----------------------------- pour Genève où vont avoir lieu les championnats européens.

4. Selon les statistiques récentes, dix mille touristes étrangers ----------------------------- en France pendant les deux derniers mois.

5. Madame Claire Monet, envoyée spéciale du gouvernement du Québec, ----------------------------- à Paris hier.

6. En général. les prix ----------------------------- stables cette semaine.

7. La valeur du dollar ----------------------------- jusqu'à 9 francs, et puis ----------------------------- jusqu'à 7 francs.

8. Hier soir, avec la performance spectaculaire de Joëlle Chambeau à l'Olympia, une nouvelle étoile *(star)* du music-hall -----------------------------.

9. Les températures ----------------------------- stables pendant la journée, mais il a fait très froid pendant la nuit.

10. Selon les experts, le chômage ----------------------------- un problème très sérieux dans le pays.

B. Allées et venues. Answer the following questions about recent activities in your life.

1. Où êtes-vous allé(e) pendant le week-end? Qu'est-ce que vous avez fait? -----

----

----

2. Etes-vous sorti(e) pendant la semaine? Si oui, où êtes-vous allé(e)? Si non, pourquoi êtes-vous resté(e) à la maison? -----------------------------

----

----

3. Etes-vous arrivé(e) à l'heure à toutes vos classes la semaine dernière? Et les autres étudiants? Et vos professeurs? -----------------------------

----

4. Etes-vous allé(e) en classe tous les jours la semaine dernière? Si non,

   qu'est-ce que vous avez fait? --

   ----

5. Etes-vous revenu(e) à l'université le soir pour étudier à la bibliothéque?

   Qu'est-ce que vous avez étudié? --

   ----

6. Combien de fois êtes-vous allé(e) au cinéma et combien de fois avez-vous

   regardé la télévision la semaine passée? -------------------------------

   ----

7. Etes-vous allé(e) au restaurant? Si oui, qu'est-ce que vous avez mangé? -----

   ----

   ----

8. Etes-vous tombé(e) malade récemment *(recently)*? Si oui, êtes-vous allé(e)

   chez le médecin? Etes-vous allé(e) en classe ou êtes-vous resté(e) à la

   maison? --

Intégration et perspectives

A. **Contrastes.** Imagine that you are writing to a friend on Reunion Island, who is thinking about spending a year in your area. Compare and contrast these locations, considering each of the following aspects: **le climat, la géographie, le paysage, les gens, les activités.**

B. Interview. Your friends are going to introduce you to some French students who have spent a year in the U.S. Write the questions you would ask to find out the information below. Be sure to use inversion.

1. Find out if Americans have been nice. ------------------------------------

    ----

2. Find out if they visited some interesting cities. -----------------------

    ----

3. Ask them if it is difficult to speak English all the time. -------------------

    ----

4. Ask them if they have had the opportunity to go to Disney World. ------------

    ----

5. Find out where they went last week. ------------------------------------

    ----

6. Ask them if they prefer American cuisine or French cuisine. -----------------

    ----

7. Ask them if they have the intention of going to Canada or Mexico. -----------

    ----

8. Find out if they have played sports. ------------------------------------

    ----

C. Nouvelles du campus. Using vocabulary you know and at least six of the verbs below, relate news events that happened (or that might have happened) on your campus. Some verbs will require **avoir**, others **être**.

Verbes à utiliser: **sortir, partir, arriver, faire, aller, revenir, réussir, choisir, finir, critiquer, venir**

1. --

----

2. --

----

3. --

----

4. --

----

5. --

----

6. --

PARTIE ORALE

Mise en scène

*8.1 **Bulletin météreologique du vendredi 22 février, p. 179.**

8.2 **Vrai ou faux?** While you're looking at a weather report in *Le Devoir*, a French-Canadian newspaper, Jean Saitout tells you that he already knows what the weather is like. Based on the map below, decide whether or not Jean's statements are VRAI or FAUX, and underline the appropriate words. You will hear each statement twice.

Modèle: You hear: Il pleut et il fait du vent à Edmonton.
You underline FAUX.

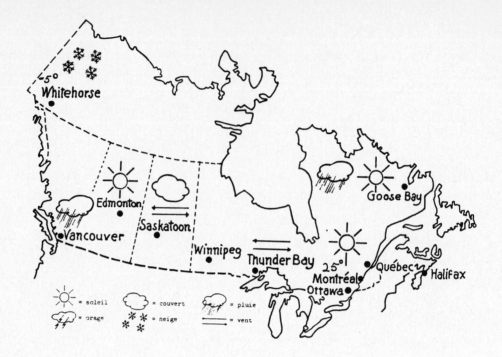

1. VRAI FAUX   3. VRAI FAUX   5. VRAI FAUX

2. VRAI FAUX   4. VRAI FAUX   6. VRAI FAUX

Les expressions idiomatiques avec avoir

*8.3   **Une excursion en montagne, pp. 184–185.**

*8.4   **Descriptions, p. 185 A.**

Modèle:

4.

5.

6.

7.

8.

*8.5   **Suivez le guide, s'il vous plaît!**, p. 186 B.

8.6   **Descriptions.**   For each drawing below, decide whether or not the statement you hear describes it, and underline OUI or NON.   You will hear each item twice.

Modèle:

You hear: Hervé a très froid.
You underline OUI.

1.   2.   3.

OUI   NON   OUI   NON   OUI   NON

4.   5.   6.

OUI   NON   OUI   NON   OUI   NON

7.   8.

OUI   NON   OUI   NON

Les verbes conjugués comme partir *et comme* venir

*8.7   **Qu'est-ce que tu deviens?**, p. 188.

*8.8   **Activités**, p. 189 A.

*8.9   **D'où viens-tu?**, p. 189 B.

*8.10   **Départs**, p. 189 C.

8.11   **Oui ou non?**   You will hear a statement about each of the drawings below. Decide if the statements accurately describe the drawings, and underline OUI or NON. You will hear each statement twice.

Modèle:

You hear: Nous allons passer la nuit dehors
You underline OUI.

1. OUI NON

2. OUI NON

3. OUI NON

4. OUI NON

5. OUI NON

6. OUI NON

Les questions par inversion

*8.12 Arrivée à l'hôtel, pp. 192-193.

*8.13 A l'agence de voyage, p. 194 B.

*8.14 Projet de séjour en France, p. 194 C.

8.15 Questions. Marcelle is considering spending a year in the United States, and she wants to know about the weather in different regions. Decide if the questions she asks pertain to the weather, and underline OUI or NON. You will hear each question twice.

Modèle: You hear: Y a-t-il de belles montagnes dans votre région?
You underline NON.

1. OUI NON   3. OUI NON   5. OUI NON   7. OUI NON

2. OUI NON   4. OUI NON   6. OUI NON   8. OUI NON

Les verbes conjugués avec l'auxiliaire être

*8.16 Mise en situation, p. 196.

*8.17 Il y a des gens qui travaillent..., p. 196 A.

*8.18 Et d'autres qui voyagent, p. 197 B.

8.19 Pendant les vacances. Denise Martin is talking about what happened when she and her husband Henri took their vacation in England. Decide if what she says happened is BON or MAUVAIS, and underline the appropriate words. You will hear each statement twice.

Modèle: You hear: Il a fait beau le matin où nous sommes partis.
You underline BON.

1. BON   MAUVAIS   5. BON   MAUVAIS

2. BON   MAUVAIS   6. BON   MAUVAIS

3. BON   MAUVAIS   7. BON   MAUVAIS

4. BON   MAUVAIS   8. BON   MAUVAIS

Intégration et perspectives

8.20 Aux Nouvelles Hébrides. Listen to the following passage about Jean-Yves and Sylvie Duteuil's experiences in the New Hebrides. Then answer the questions below. You will hear the passage twice.

1. Why did Jean-Yves and Sylvie go to the New Hebrides? ------------------

----

2. Which countries govern the New Hebrides? --------------------------

----

3. When did Jean-Yves and Sylvie arrive in Port-Vila? --------------------

----

4. What is the weather like there? ------------------------------------

----

5. How do Jean-Yves and Sylvie feel about storms? ----------------------

----

8.21 Opinions. Dominique is talking about the way her family feels about the local weather. Write what Dominique says in the pauses provided. You will hear each line twice, then the entire passage will be read a third time so that you can check your work.

1. --

----

2. --

----

3. --

----

4. --

8.22 **Et vous?** You are being asked questions about the weather in your area. Stop the tape after each question and write an appropriate answer in French. You will hear each question twice.

1. --

2. --

3. --

4. --

5. --

6. --

*8.23 **Prononciation et orthographe,** pp. 201-202.

9

CHAPITRE NEUF
Choix et décisions

PARTIE ECRITE

Mise en scène

Professions et attributs. What are certain professions like? Describe each profession below, using ideas from pages 205 to 208 of your book and other ideas of your own. You may discuss advantages or disadvantages, depending on your point of view.

Exemple: vétérinaire
> *Si vous désirez être vétérinaire, il est important d'aimer les animaux! C'est un travail intéressant où on gagne bien sa vie et où on est son propre patron.*

1. chercheur scientifique --

----

2. chirurgien(ne) ---

----

3. architecte ---

----

4. instituteur(trice) ---

----

5. avocat(e) --

----

6. mécanicien(ne) --

----

7. chauffeur de taxi --

----

8. cadre commercial ---

Les verbes vouloir, pouvoir *et* devoir

A. **Où est la vérité?** Adèle wants to know whether her friends are really unable to do certain things or simply don't want to do them. What does she say?

Modèle: Jean et Monique / venir
Est-ce que Jean et Monique ne peuvent pas venir ou est-ce qu'ils ne veulent pas?

1. vous / finir votre travail --

----

2. Caroline / comprendre cette nouvelle leçon -----------------------------------

----

3. tu / faire la vaisselle après le dîner --

----

4. Gilles et Robert / aller au supermarché pour leur mère ----------------------

----

5. nous / trouver une solution à notre problème -------------------------------

----

6. les étudiants / répéter cette phrase --------------------------------------

----

B. Interview. You work in a small company, and you are interviewing a woman for an accounting job. Write what you say in French to convey the following information.

1. Say that you're late because you had to talk to your engineers. --------------

----

2. Say that you haven't been able to find a good accountant. --------------------

----

3. Say that your accountant must be able to work alone. ------------------------

----

4. Find out why she wants to work at this company. --------------------------

----

5. Find out if she can sometimes stay at the office until 7:00, or if she always

has to leave on time. --

----

6. Find out if she can begin next Friday. ------------------------------------

----

7. Find out if she wants to ask any questions. --------------------------------

----

8. Say that you can't make a decision now, but that you must choose someone this

week. --

Les pronoms compléments d'objet direct: le, la les

A. Choix d'une camarade de chambre. Claudine is asking Jeanne some questions to find out how they would get along as roommates. Use the cues to re-create Jeanne's answers. Be sure to use the appropriate form of the direct object pronoun in each response.

Modèle: Est-ce que tu aimes la musique? (oui,...beaucoup)
Oui, je l'aime beaucoup.

1. Moi, j'aime la musique classique. Et toi? (moi,... pas beaucoup) -----------

   ----

2. Est-ce que tu aimes regarder la télévision? (oui,...quelquefois) ------------

   ----

3. Quel jour est-ce que tu fais tes courses? (le samedi matin) -----------------

   ----

4. D'habitude, est-ce que tu finis ton travail avant minuit? (oui) -------------

   ----

5. Est-ce que tu fais bien la cuisine? (oui) -----------------------------------

   ----

6. Est-ce que tu vas inviter souvent tes amis à dîner? (non) -------------------

   ----

7. As-tu fini tes études? (oui,...l'année dernière) ----------------------------

   ----

8. Où as-tu fait tes études? (en Suisse) ---------------------------------------

   ----

B. **Au bureau.** Anne Dupré is asking her secretary questions about their office. Complete the secretary's answers, using a direct object pronoun in each answer.

Modèle: *Anne:* Jean a-t-il fini son travail?
   Alain: Non, *il ne l'a pas fini.*

1. *Anne:* Avez-vous préparé les rapports pour notre comptable?

   Alain: -- ce matin.

2. *Anne:* Où avons-nous acheté cette machine à écrire?

   Alain: -- au magasin

   d'équipement de bureau.

3. *Anne:* Les autres secrétaires et vous, avez-vous pris votre leçon d'anglais

commercial?

Alain: Oui, --- à 9 h 30.

4. *Anne:* Est-ce que j'ai envoyé le paquet de brochures à notre bureau à

   Marseille?

   Alain: Non, --- à notre

   bureau à Lyon.

5. *Anne:* Le secrétaire de M. Thibaut a-t-il trouvé les adresses de nos clients

   de Londres?

   Alain: Non, ---.

6. *Anne:* Quand les agents publicitaires ont-ils fini notre nouveau programme de

   publicité?

   Alain: --- la semaine

   dernière.

Les pronoms d'object direct: me, te, nous, vous

A. **Dans une agence de publicité.** Marie-Louise Beaufort, an employee in a Paris advertising agency, is talking to her boss, Madame Lambert. Use the cues to re-create her answers to Madame Lambert's questions. Be sure to use the appropriate direct object pronoun in each response.

   Modèle: Qui me demande au téléphone? (Monsieur Laforêt)
   Monsieur Laforêt vous demande au téléphone.

1. Pouvez-vous m'aider à finir cette lettre? (oui) ----------------------------

   ----

2. A votre avis, est-ce que ces clients vont nous écouter? (non) ----------------

   ----

3. Est-ce que je vous ai invitée à la réception de vendredi soir? (oui) --------

   ----

4. Est-ce que j'ai réussi à vous persuader de venir à la réception? (oui) ------

   ----

5. Est-ce que je peux vous aider à préparer ces slogans? (oui) ------------------

_____

6. Est-ce que vous pouvez m'emmener à la gare demain matin? (oui) -----------

_____

7. A votre avis, est-ce que cette employée va nous quitter? (oui) ---------------

_____

8. Pouvez-vous faire ce rapport aujourd'hui? (non) ----------------------------

_____

9. Avez-vous trouvé l'adresse de cette cliente? (non) ----------------------------

_____

10. Est-ce que ce client nous a payés? (oui) ------------------------------------

_____

Le subjonctif avec il faut que *et* il vaut mieux que

A. Conseils. Claude's friend Martine doesn't always agree with the way Claude and his family manage their lives. Fill in the blanks to re-create Martine's statements.

Modèle: *Claude:* Je vais toujours à mon travail en voiture.
Martine: Il vaut mieux que tu *ailles* à ton travail à pied.

1. *Claude:* Mes enfants ne font jamais de sport.

   Martine: Il vaut mieux qu'ils ------------------------ du sport tous les

   jours.

2. *Claude:* Ma femme et moi, nous détestons marcher; nous préférons prendre

   notre voiture.

   Martine: Il vaut mieux que vous ----------------------- de temps en temps.

3. *Claude:* Je ne suis pas encore prêt; je vais être en retard.

   Martine: Il faut que tu n(e) ------------------------ pas en retard.

4. *Claude:* Je n'ai pas envie de finir mon travail.

Martine: Il vaut mieux que tu le ------------------------ bientôt.

5. *Claude:* Ma femme part à 8 h 30 pour aller à son travail.

   Martine: Il vaut mieux qu'elle ------------------------ à 8 h.

6. *Claude:* Nous n'avons pas d'argent en ce moment, mais nous avons envie

   d'acheter une nouvelle voiture.

   Martine: Il vaut mieux que vous n(e) ------------------------ pas de voiture.

7. *Claude:* Je n'ai pas envie d'aller travailler aujourd'hui; je pense que je vais

   rester à la maison.

   Martine: Il faut que tu ------------------------ à ton travail aujourd'hui.

8. *Claude:* Mon fils a du travail à faire ce soir, mais il a envie de sortir

   avec ses amis.

   Martine: Il vaut mieux qu'il ne ------------------------ pas ce soir.

B. Entrevue. You have a French friend who is going on a job interview. What would you advise your friend to do about the following? Use the subjunctive of the verbs provided.

Exemple: écouter bien toutes les questions de votre futur employeur
Il faut que vous écoutiez bien toutes les questions de votre futur employeur.

1. être en retard --

2. choisir bien vos vêtements --

   ----

3. être calme pendant l'entrevue --

   ----

4. demander toute de suite quel va être votre salaire ----------------------------

   ----

5. faire le tour du bureau avec votre futur employeur -------------------------

   ----

6. poser vos propres questions --

7. remercier votre futur employeur à la fin de l'entrevue ------------------------

----

C. **Responsabilités d'un(e) étudiant(e).** Make a list of the responsibilities of the typical university student.

Exemple: *Il faut qu'un(e) étudiant(e) fasse ses devoirs chaque jour.*

Intégration et perspectives

A. **Conseils.** In the space provided, write five or more pieces of advice that you might give to various people. (Suggestions: membre(s) de votre famille, camarade(s) de chambre, professeurs, garçon dans un café, ami(e), patron(ne), etc.)

Exemple: à mon professeur de français
         Madame Lebrun, il vaut mieux que notre prochain examen soit facile!

la/les personne(s):   vos suggestions:

------------------------------   ---------------------------------------

                                      ----

------------------------------   ---------------------------------------

                                      ----

------------------------------   ---------------------------------------

                                      ----

------------------------------   ---------------------------------------

                                      ----

--------------------------------- ---------------------------------

                                             ----

--------------------------------- ---------------------------------

                                             ----

--------------------------------- ---------------------------------

B. **Choix d'une profession.** Using the questions below as a guide, write about your choice of a future profession.

    Quelle profession avez-vous choisie? Pourquoi avez-vous choisi cette profession? Est-ce que vous avez longtemps réfléchi à votre choix? Qu'est-ce qui compte le plus dans cette profession? Qu'est-ce qu'on doit faire pour réussir dans cette profession? Est-ce un travail où vous pouvez accomplir des choses importantes? Gagner un salaire élevé? Prendre des décisions? Quand allez-vous finir vos études et quand pouvez-vous commencer à travailler?

PARTIE ORALE

Mise en scène

*9.1   **Qu'est-ce que vous faites dans la vie?**, pp. 205-206.

9.2   **Quelle est ma profession?**   Listen as some people talk about their jobs, and then underline the names of each profession described.   You will hear each item twice.

> **Modèle:**   You hear: Je travaille au magasin toute la journée.
> You underline *commerçant*.

1.   chirurgienne   artisane   psychologue

2.   mécanicienne   publicitaire   comptable

3.   ingénieur   vétérinaire   dentiste

4.   avocate   chercheur scientifique   cadre commercial

5.   instituteur   ingénieur   médecin

6.   artisan   chauffeur de taxi   secrétaire

Les verbes vouloir, pouvoir *et* devoir

*9.3   **Un petit service**, p. 210.

*9.4   **Possibilités**, p. 210 A.

*9.5   **Intentions**, p. 211 B.

*9.6   **Un travail d'été**, p. 211 D.

9.7   **Pourquoi pas?**   Some people are talking about why they can't do certain things.   Jot down what is said about each person below.   You will hear each item twice.

> **Modèle:**   You hear: Notre patron n'a pas pu téléphoner à ce client aujourd'hui
> parce qu'il a dû faire un voyage d'affaires.
> You jot down: notre patron: *couldn't call client; had to go on*
> *business trip*

1.   Anne et ses amis: ---

2.   Micheline: ---

3.   Moi: --

4. Nous: --

5. Jeanne et Paul: --

6. Jacques: ---

Les pronoms compléments d'objet direct: le, la, les

*9.8   **Travail et famille**, p. 213.

*9.9   **Compatibilité**, p. 214 A.

*9.10   **En classe d'anglais**, p. 214 B.

*9.11   **Pense-bête**, p. 214 C.

9.12   **Conflits.**   Marie-Pascal is talking about the conflicts that working mothers face.   Listen carefully to each of her statements.   If you hear a direct object pronoun, in the space provided write both the pronoun and the noun it refers to.   If you don't hear a direct object pronoun, write NON in the space provided.   You will hear each statement twice.

Modèle: You hear: La vie d'une mère qui travaille est souvent compliquée, et je l'ai choisie sans réfléchir à tous les problèmes.

You write: *l'   la vie*

1. ------------------------------   5. ------------------------------

2. ------------------------------   6. ------------------------------

3. ------------------------------   7. ------------------------------

4. ------------------------------   8. ------------------------------

Les pronoms compléments d'objet direct

*9.13   **Voyage d'affaires**, p. 217.

*9.14   **Réciprocité**, p. 218 B.

*9.15   **Ce n'est pas juste**, p. 218 C.

*9.16   **Opinions**, p. 219 E.

9.17   **Au travail.**   Some people are talking about conditions at work.   Decide whether or not each person is satisfied with what goes on there, and underline OUI or NON in your lab manual.   You will hear each statement or question twice.

Modèle: You hear: Je fais de mon mieux, mais mon patron me critique tout le temps.

You underline NON.

1. OUI NON   3. OUI NON   5. OUI NON   7. OUI NON

2. OUI NON   4. OUI NON   6. OUI NON   8. OUI NON

Le subjonctif avec il faut que... *et* il vaut mieux que...

*9.18   Une invitation, p. 222.

*9.19   Ils ne sont pas libres, p. 223 B.

*9.20   Décisions, p. 223 C.

9.21   Nouvel employé.   Jean-Pierre has just started his job at a small accounting firm, and the other employees are giving him advice on how to do well. Decide if each piece of advice is BON or MAUVAIS, and underline the apropriate words below. You will hear each item twice.

Modèle: You hear: Il vaut mieux que vous ne parliez pas de vos problèmes personnels.
You underline BON.

1.   BON MAUVAIS   5.   BON MAUVAIS

2.   BON MAUVAIS   6.   BON MAUVAIS

3.   BON MAUVAIS   7.   BON MAUVAIS

4.   BON MAUVAIS   8.   BON MAUVAIS

Intégration et perspectives

*9.22   Mes opinions.   André Lemoine is talking about the role of women in today's society. Based on what André says, decide whether or not he could have made the statements below, and underline OUI or NON. You will hear the passage twice.

1.   OUI NON   Je suis pour l'indépendance des femmes.

2.   OUI NON   J'admire beaucoup les femmes qui ont le courage de quitter leur maison pour aller travailler.

3.   OUI NON   Les femmes ont besoin de travailler pour gagner leur vie.

4.   OUI NON   Les enfants d'aujourd'hui respectent leurs parents.

5.   OUI NON   Les hommes ne sont pas faits pour rester à la maison.

6.   OUI NON   Il faut que nous aidions les jeunes filles à faire des études et à choisir une profession intéressante.

7.   OUI   NON   Les femmes ont des frigos et des machines à laver pour les aider à faire leur travail.   C'est assez!

9.23   Réponses.   In response to letters from her readers, Marcelle Ségal, an advice columnist, is dictating answers to her secretary.   Write what she says in the pauses provided.   Each line will be read twice, then the entire passage will be read once again so that you can check your work.

1. --

   ----

2. --

   ----

3. --

   ----

4. --

9.24   Et vous?   A French student at your university wants to know how American college students feel about work.   Stop the tape after each question and write an appropriate answer in French.   You will hear each question twice.

1. --

   ----

2. --

   ----

3. --

   ----

4. --

   ----

5. --

   ----

6. ---

    ----

7. ---

    ----

*9.25 Prononciation et orthographe, pp. 231–232.

10
CHAPITRE DIX
Français! Achetez et consommez!

PARTIE ECRITE

Mise en scène

On fait des courses. You have the whole day to go shopping for various things you may want or need. Using vocabulary from pages 235 to 239 in the text, identify the following items and tell where they can be bought.

Modèle:  *Ce sont des gâteaux.*
On peut acheter des gâteaux dans une confiserie.

1. --

----

2. --

3. --

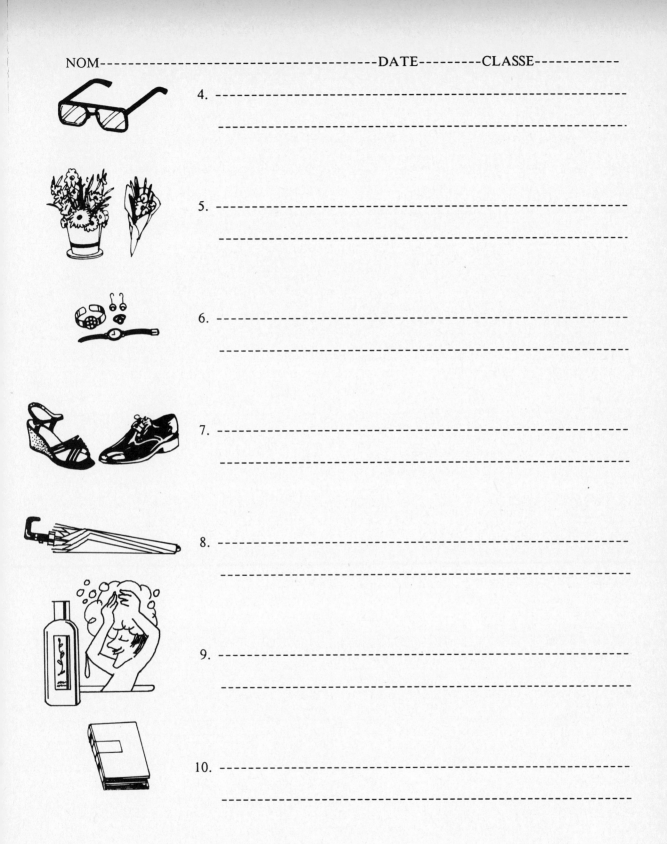

4. ---

   ----

5. ---

   ----

6. ---

   ----

7. ---

   ----

8. ---

   ----

9. ---

   ----

10. ---

Vendre et les verbes de la troisième conjugaison

Les marchands parlent. Several shopkeepers are discussing business, the economy, and problems they are facing. Complete their statements by filling in the blanks with the appropriate form and tense of the following verbs:

attendre, entendre, perdre, rendre, répondre, and **vendre**

1. Hier, j(e) ------------------------------ trois vélos.

2. L'année dernière, les affaires n'ont pas été bonnes, et les marchands de notre

   quartier ------------------------------ de l'argent.

3. En général, les décisions du gouvernement ne ------------------------------ pas à nos

   besoins.

4. La situation économique de notre pays me ------------------------------ très triste.

5. Ma femme et moi, nous ------------------------------ tous les jours les critiques de

   nos clients. Il vaut mieux que nous ne ------------------------------ pas à ces

   critiques.

6. Nous ------------------------------ les marchandises que nous avons commandées.

7. Nous traversons une période difficile, mais nous ne pouvons pas

   ------------------------------ patience.

8. Les marchandises que les marchands de ce quartier ------------------------------ sont

   d'une qualité excellente.

L'impératif

A. **Un homme tyrannique.** Pierre Kelbrute is always giving orders and making suggestions to people around him. Use the cues to re-create his commands.

   à sa fille

   Modèle: aller dans ta chambre
   Va dans ta chambre!

   1. faire tes devoirs --

   2. finir ton dîner --

   3. ne pas regarder la télé --

4. obéir à ton père --

5. rendre bientôt visite à ta grand-mère -----------------------------------

----

à ses employés

Modèle: arriver à l'heure chaque matin
Arrivez à l'heure chaque matin!

1. ne pas quitter le bureau avant cinq heures -----------------------------

----

2. être plus poli quand vous parlez au téléphone --------------------------

----

3. avoir de la patience avec les clients -----------------------------------

----

4. finir ces lettres --

5. ne pas perdre votre temps --

à sa femme

Modèle: regarder les actualités
Regardons les actualités!

1. acheter une nouvelle voiture --

2. envoyer les enfants chez leurs grands-parents --------------------------

----

3. aller au cinéma ce soir ---

4. ne pas inviter les Duvernet à dîner -------------------------------------

----

5. prendre nos vacances au mois de juillet ---------------------------------

----

B. Conseils. A French friend is planning a summer trip to the United States. Using the example as a guide, indicate whether you agree or disagree with your friend's ideas.

Exemples: Je voudrais visiter New York.
Ne visite pas New York. Il fait trop chaud à New York en été.
Oui, visite New York. C'est une ville fascinante.

1. Je pense voyager en train ou en autobus. ---

2. Je vais passer dix jours en Floride. ---

3. J'ai l'intention de faire du camping. ---

4. J'ai peur de parler anglais. ---

5. J'ai envie d'aller au Canada aussi. ---

6. Je vais choisir un hôtel avant d'arriver dans une ville. ---

7. J'ai l'intention de prendre tous mes repas au restaurant. ---

8. Je voudrais sortir avec des jeunes Américains. ---

C. Vice versa. What advice would students and teachers give each other? Write three or four pieces of advice that students would give to teachers; then, write three or four pieces of advice that teachers would give to students. Vary your sentences as much as possible.

Les expressions de quantité

A. **Au marché.** Chantal and Jean-Philippe Lamartine are planning what they need to buy this week. Using the cues in parentheses, re-create the answers to their questions to each other.

Modèle: Est-ce qu'il y a du lait dans le frigo? (a little)
Oui, il y un peu de lait dans le frigo.

1. Est-ce que nous avons de la viande? (enough)

   Oui, --

2. Combien de pommes de terre est-ce qu'il faut acheter? (fewer)

   ----

3. Est-ce que tu vas acheter des légumes cette semaine? (a lot)

   Oui, --

4. Est-ce que tu vas acheter les provisions chez M. Varonne? (most of)

   Oui, --

5. Est-ce que nous allons acheter autant de fruits cette semaine? (less)

   Non, --

6. Est-ce que j'ai acheté assez d'oeufs la semaine dernière? (too many)

   ----

7. Est-ce que nous avons du shampooing et du dentifrice? (not enough)

Non, --

8. Veux-tu acheter des cigarettes cette semaine? (not as many)

B. **Vous êtes interprète.** Imagine that you are shopping in France with an American friend. Write what you would say in French to help your friend convey the following information.

1. There are so many beautiful wallets in this leather goods store! -------------

----

2. I have to buy some more shampoo. --

3. I don't need any candy; I bought too much chocolate last week! ---------------

----

4. Do most of these perfumes come from France? -----------------------------

----

5. Few people like these clothes. --

6. I have 75 francs. How many stamps can I buy? ---------------------------

----

Les pronoms disjoints

A. **Au centre commercial.** Paul and Georges are talking as they look at different things at a shopping center. Complete their statements with the appropriate disjunctive or direct object pronouns.

Modèle: Les enfants ne sont pas très sages. Je n'aime pas faire les courses avec *eux*.

1. Mon fils est très indépendant. Il veut choisir ses vêtements -------------- -

même. Je voudrais -------------- aider, mais je ne peux pas. Il préfère aller

au centre commercial sans --------------.

2. J'ai envie d'acheter un nouvel appareil-photo avant d'aller en vacances cette

année. Cet appareil-photo-ci -------------- intéresse beaucoup. Je

voudrais -------------- acheter, mais il coûte trop cher.

3. Ma femme et --------------, nous avons acheté ce sèche-cheveux la semaine

dernière. Mais je dois -------------- rendre parce qu'il ne marche pas bien.

4. Ma fille Martine a un petit ami qui étudie le droit. Nous -------------- bien,

parce qu'il est très sympathique. Martine et -------------- sont sortis

ensemble trois fois cette semaine.

5. L'anniversaire de ma femme est dans deux semaines, et je voudrais bien faire

quelque chose pour --------------. Aide- -------------- à décider.

6. Le week-end dernier, nous avons rendu visite à mon frère et sa femme.

--------------, il est professeur d'université et --------------, elle est

avocate. Nous avons passé un week-end très agréable chez --------------. Ils

-------------- ont emmenés manger au restaurant. Nous -------------- avons

invités à venir passer le week-end prochain chez --------------.

B. Le monde a bien changé. Raoul Lapont is talking with a friend about how changing attitudes toward women have changed his everyday life. Using the cues provided and supplying the correct disjunctive pronouns, re-create his answers to his friend's questions.

Modèle: Est-ce que c'est votre femme qui fait la cuisine chez vous? (non)
Non, ce n'est pas elle qui fait la cuisine chez nous.

1. Alors, ce sont vos enfants qui la font? (oui, quelquefois) ------------------

----

2. Dans ce cas, c'est vous qui faites la cuisine? (oui, la plupart du temps) ---

----

----

3. Vous préparez votre petit déjeuner vous-même? (oui, en général) -------------

----

4. Cette moto est à votre fils? (non) --

----

5. Alors, elle est à votre fille? (oui) --

6. C'est votre fille qui l'a achetée? (oui) --

----

7. Pouvez-vous discuter vos problèmes avec votre femme: (oui, bien sûr) --------

----

8. Et votre femme, est-ce qu'elle discute ses problèmes avec vous? (oui) -------

----

Intégration et perspectives

A. Les petites annonces. Imagine that you are placing several ads in the classified section *(les petites annonces)* of your campus newspaper. Write four ads for things you might need or want to sell.

Exemples: Vieux livre de français à vendre. Bon marché.
Désire acheter vélo occasion. Bon état *(condition)*.

1. ---

----

2. ---

----

3. ---

----

4. ---

B. Aux Galeries Lafayette. You and a friend are shopping at **les Galeries Lafayette** in Paris. Write what you would say in French to convey the following information.

1. Ask a sales clerk if they sell Italian shoes here. -------------------------

----

2. Say that you'd like to buy some shoes for your brother. Ask if you can return

them if they're too small for him. --

----

3. Tell your friend that the clerk *(le vendeur)* didn't answer your question. Say that the clerk didn't hear you. --

----

4. Tell your friend that this umbrella isn't yours, then ask your friend if it's his. --

----

5. Ask a clerk how many records are on sale. ----------------------------------

----

6. Tell your friend to be patient, and to wait a minute. Say that you can't find your wallet, and that you must have lost it. ----------------------------------

----

----

7. Tell your friend not to buy too many toys, because they cost too much. -------

----

8. Say that most of the books here come from the United States. ----------------

----

9. Tell your friend that you have to spend less money. -------------------------

----

10. Suggest to your friend that the two of you go to eat in the little café across from **les Galeries Lafayette**. --

----

C. **On fait des achats.** A French friend visiting your town has asked for your help in doing some shopping. He wants to buy clothing, books, records, souvenirs, etc. Tell your friend what shops are available in your town, and what kinds of items are sold there.

PARTIE ORALE

Mise en scène

*10.1 **Qu'est-ce que tu as acheté?**, pp. 235-236.

10.2 **Où peut-on aller?** Joëlle wants to do some shopping while she visits some relatives. Listen to each of the things she wants to buy, and mark the name of the shop where she would go for each one. You will hear Joëlle's statements twice.

Modèle: You hear: Je voudrais acheter du maquillage. Où est-ce que je peux aller?

You mark: *dans une droguerie*

1. dans une bijouterie   dans un magasin de jouets   dans un bureau de tabac

2. dans une droguerie   chez un électricien   dans une papeterie

3. chez un marchand de journaux   dans un magasin de vêtements   dans une confiserie

4. chez un fleuriste   dans une parfumerie   dans une pâtisserie

5. dans une pharmacie   dans une bijouterie   dans un magasin de chaussures

6. chez un électricien   dans une librairie   dans une maroquinerie

7. chez un opticien   dans une droguerie   dans une boutique de mode

8. dans un bureau de tabac   dans une pharmacie   dans une droguerie

Vendre et les verbes de la troisième conjugaison

*10.3 **Au bureau des objets trouvés**, p. 240.

*10.4 **Au marché aux puces**, p. 241 A.

*10.5 **Où est-ce qu'ils ont attendu?**, p. 241 B.

10.6 **Une mauvaise journée.** This is one of those days when nothing is going right for some people. Listen to their complaints, and decide which of the drawings below are being described. Write the number of the complaint below the appropriate drawing. Not all drawings will be described. You will hear each item twice.

a

b

c

d

e

f

g

h

L'impératif

*10.7   A l'auto-école, p. 243.

*10.8   A l'agence publicitaire, p. 244 B.

*10.9   Suggestions, p. 244 C.

10.10 Conseils. Pierre has started out on his own and has a limited budget; his friends are advising him on how to manage his life. Decide whether or not their advice is BON or MAUVAIS, and underline the appropriate word. You will hear each item twice.

Modèle: You hear: Ne rends pas les choses que tu empruntes à tes amis.
You underline MAUVAIS.

1.	BON	MAUVAIS	6.	BON	MAUVAIS
2.	BON	MAUVAIS	7.	BON	MAUVAIS
3.	BON	MAUVAIS	8.	BON	MAUVAIS
4.	BON	MAUVAIS	9.	BON	MAUVAIS
5.	BON	MAUVAIS	10.	BON	MAUVAIS

Les expressions de quantité

*10.11 Questions d'argent, pp. 246-247.

*10.12 Inventaire, p. 247 A.

*10.13 La vie est difficile, p. 247 B.

10.14 Tout est différent. Some students are discussing what aspects of their lives have changed since they've been at the university. Jot down what each person says in the space provided. You will hear each item twice.

Modèle: You hear: La plupart de mes classes sont faciles.
You jot down: *most classes are easy*

1. Nous ---

2. Moi ---

3. Les étudiants --

4. Georges --

5. Nous ---

6. Moi ---

Les pronoms disjoints

*10.15 Ce n'est pas moi!, p. 249.

*10.16 Je t'invite, p. 250 A.

*10.17 **Quel désordre!**, p. 250 B.

10.18 **Dans une boutique de mode.** Marie-Anne, who works at a clothing store in Paris, is answering a friend's questions. Marie-Anne's answers appear below. Listen to each of the friend's questions and complete Marie-Anne's answers with appropriate disjunctive pronouns. You will hear each question twice.

Modèle: You hear: Est-ce que vous aimez le patron?
You write: Oui, je suis assez contente de travailler pour
lui.

1. Oui, j'aime bien travailler avec ---------------.

2. Oui, c'est --------------- qui les a achetés.

3. Bien sûr, je peux choisir quelque chose pour ---------------.

4. Oui, elle est à ---------------.

5. Non, ils ne sont pas à ---------------.

6. Non, ce n'est pas ---------------. C'est une agence publicitaire qui les

prépare.

7. Oui, nous parlons souvent d(e) ---------------.

8. Non, je n'ai pas le temps de sortir avec ---------------.

Intégration et perspectives

10.19 **Vivlavi.** You are at a market where a vendor is selling a new product called Vivlavi. Based on what the vendor says, decide if the statements below are VRAI or FAUX, und underline the appropriate words. You will hear the passage twice.

1. VRAI FAUX Vivlavi peut vous rendre heureux.

2. VRAI FAUX Ce produit peut vous aider si vous êtes souvent malade.

3. VRAI FAUX Une bouteille de Vivlavi coûte moins de trois francs.

4. VRAI FAUX On a déjà vendu plus de trois millions de bouteilles de ce produit.

5. VRAI FAUX Il faut boire un petit verre de Vivlavi trois fois par jour.

10.20 **Un message.** Since Jeannette isn't going to be home tonight, she leaves a message for her husband. Write what Jeannette says during the pauses provided. Each line will be said twice, then the entire passage will be said once again so that you can check your work.

1. --

2. --

3. --

4. --

10.21 **Et vous?** A French friend wants to know whether you are generally thrifty or a spendthrift. Stop the tape after each question and write an appropriate answer in French. You will hear each question twice.

1. --

2. --

3. --

4. --

5. --

6. --

*10.22** **Prononciation et orthographe,** pp. 257-258.

11

CHAPITRE ONZE
Santé et habitudes personnelles

PARTIE ECRITE

Mise en scène

Dans la salle d'attente du médecin. Some people in the doctor's waiting room have various problems. Using vocabulary and ideas from pages 264 to 265 of your text, tell what has happened or what is wrong with each of them.

Modèle:  *Cet homme a mal au genou.*

1.

2.

3. ---

4. ---

5. ---

6. ---

7. ---

Le présent des verbes réfléchis

A. **Narcissisme immodéré.** Using the reflexive verbs given below, complete the following paragraph in which François Jemaime talks about his irresistible charms.

Verbes à utiliser: **s'amuser, s'appeler, se coucher, se dépêcher, s'entendre, s'habiller, se laver, s'occuper, se peigner**

Je ------------------------------ François Jemaime. En général, je ne

------------------------------ pas tôt parce que j'ai besoin de mon sommeil. Quand je

------------------------------ trop tard, je ne suis pas satisfait de mon apparence et

j'ai l'air fatigué. A mon avis, mes camarades de chambre ne

------------------------------ pas assez de leur apparence. Moi, je

------------------------------ avec de l'eau bien chaude et je

------------------------------ avec soin *(care)* parce que j'ai de jolis cheveux blonds

que mes amis adorent. Je ------------------------------ toujours avec beaucoup

d'élégance. Souvent, je pars à neuf heures moins cinq pour arriver en classe à neuf

heures. C'est un peu juste, mais je ne ------------------------------ pas parce que

mes professeurs ne peuvent résister à mon charme. Mes professeurs et moi, nous

------------------------------ très bien et je ------------------------------ avec les

filles aussi. C'est pourquoi les autres étudiants sont souvent jaloux de moi: je

suis irrésistible!

B. **Correspondence.** You are writing to a French friend to find out about her habits and interests as well as those of other young French people. Write what you would say in French to convey the following information.

1. Ask her at what time she goes to bed. Find out if she is often tired. -------

----

2. Tell her what time you get up on the weekend. Ask her if she gets up early or

late on the weekend. --

----

3. Find out if young people take care of their health. Ask if they go to the

doctor when they feel sick. ---

----

4. Say that Americans usually get married before age 25. Ask her at what age

   young people usually get married in France. ---------------------------------

   ----

5. Ask her if students usually get along well with their professors. ------------

   ----

6. Find out if she gets along well in her courses and if she studies a lot. -----

   ----

7. Tell her where you and your friends meet after classes, and tell her what you

   do there. Ask her where she and her friends meet. --------------------------

   ----

8. Tell her some of the things you are interested in. Ask her if she is

   interested in sports. --

   ----

9. Ask her how she usually dresses. ---

   ----

10. Ask her if she remembers her first day at the university. --------------------

   ----

L'infinitif des verbes réfléchis

Différences d'opinion. How do various people feel about the following aspects of daily life? Re-create their statements by giving the appropriate form of the infinitive.

1. **se dépêcher tout le temps**

   Nous refusons ---

   Je n'aime pas ---

   Ils doivent ---

Tu n'as pas envie --.

2. **se lever de bonne heure**

   J'ai besoin --

   Nous n'avons pas l'intention ---

   Mes amis ont décidé --

   Thérèse essaie ---

3. **se brosser les dents après chaque repas**

   Nous n'avons pas le temps --

   Il faut essayer --

   Les enfants ne veulent pas --.

   J'ai l'habitude --

4. **s'arrêter de manger de la glace**

   Hélène a décidé --

   Vous allez essayer --.

   Tu as besoin ---

   Nous ne pouvons pas --

Le passé composé des verbes réfléchis

A. **Vous avez l'air fatigué.** Hélène and a group of friends are talking about why they all look tired. Using the words and phrases provided and following the model, re-create their statements.

   Modèle: je / se coucher / très tard
   Je me suis couché(e) très tard.

   1. Elise / se depêcher / pour arriver à l'heure -------------------------

      ----

   2. Marianne et Claude / s'amuser pendant le week-end --------------------

      ----

3. Jacques / ne pas se peigner --·

4. et toi / Anne, / tu / s'occuper / enfants de ta soeur hier soir? -------------

   ----

5. mes amis et moi, nous / ne pas se souvenir de l'examen --------------------

   ----

6. Annette et Jeanne, vous / se coucher assez tôt? *(use inversion)* -------------

   ----

7. tout le monde / se retrouver / café pour s'amuser et pour parler -------------

   ----

B. Ce matin. Answer each question as it applies to you.

1. Ce matin, à quelle heure vous êtes-vous réveillé(e)? --------------------------

   ----

2. Vous êtes-vous levé(e) tout de suite? --

   ----

3. Vous êtes-vous vite habillé(e)? --

   ----

4. Vous êtes-vous dépêché(e) pour aller à votre premier cours? ------------------

   ----

5. Vous êtes-vous bien débrouillé(e) en classe? -----------------------------------

   ----

C. Le trimestre dernier. Using the words and phrases given below, create sentences telling what you and your friends did last term.

Exemples: s'occuper d'un groupe d'enfants
   Je me suis occupé(e) d'un groupe d'enfants.
   Mes amis et moi, nous nous sommes occupé(e)s d'un groupe d'enfants
   chaque samedi.

1. s'amuser bien pendant les week-ends --

   ----

2. aller au cinéma --

   ----

3. s'entendre bien avec ses professeurs --

   ----

4. être malade --

   ----

5. se lever tôt chaque jour --

   ----

6. se dépêcher d'aller en classe --

   ----

7. avoir des cours difficiles --

   ----

8. s'intéresser beaucoup à ses cours --

   ----

9. faire des devoirs tous les soirs ---

   ----

10. se sentir un peu perdu au début du trimestre --

    ----

11. se débrouiller pour avoir de bonnes notes --

    ----

12. se retrouver au café entre amis --

L'impératif des verbes réfléchis

A. Réponses. Pierre is asking his doctor what he needs to do to be in better physical shape. Using the appropriate imperative form of the reflexive verbs used and the cues in parentheses, give the doctor's answers.

Modèle: Est-ce que je dois me reposer un peu? (oui)
Oui, reposez-vous un peu.

1. Quand est-ce que je dois me coucher? (à 10 h 30) --------------------------

   ----

2. Est-ce que je dois me lever tôt tous les jours? (non) ----------------------

   ----

3. Est-ce que je dois m'arrêter de boire de la bière? (oui) --------------------

   ----

4. Est-ce que je dois me souvenir de faire du sport régulièrement? (oui) -------

   ----

5. Est-ce que je dois me préoccuper des problèmes de mes amis? (non) ----------

   ----

6. Est-ce que je dois me laver même quand j'ai un rhume? (oui) ----------------

   ----

B. Oui ou non? Marianne is telling her friends Véronique and Gilles what she does not feel like doing. Véronique always agrees with what Marianne says, while Gilles always disagrees. Give their reactions to Marianne's statements.

Modèle: Je n'ai pas envie de me lever.
   Véronique: *Eh bien, si tu n'as pas envie de te lever, ne te lève pas!*
   Gilles: *C'est bien dommage, mais lève-toi quand même.*

1. Je n'ai pas envie d'aller à la bibliothèque.

   Véronique: --

   Gilles: --

2. Je n'ai pas envie de me brosser les dents.

    Véronique: ---

    Gilles: ---

3. Je n'ai pas envie de me peigner.

    Véronique: ---

    Gilles: ---

4. Je n'ai pas envie de me laver les mains.

    Véronique: ---

    Gilles: ---

5. Je n'ai pas envie d'étudier.

    Véronique: ---

    Gilles: ---

6. Je n'ai pas envie de m'arrêter à la boulangerie ce matin.

    Véronique: ---

    Gilles: ---

7. Je n'ai pas envie de faire le ménage.

    Véronique: ---

    Gilles: ---

8. Je n'ai pas envie de rester à la maison.

    Véronique: ---

    Gilles: ---

9. Je n'ai pas envie de me dépêcher.

    Véronique: ---

    Gilles: ---

10. Je n'ai pas envie de me coucher tôt.

Véronique: --

Gilles: --

Intégration et perspectives

A. **Conseils.** Imagine that you are a doctor giving advice to a patient on different ways to stay healthy. Write at least six pieces of advice.
   Exemples: *Couchez-vous de bonne heure.*
   Ne mangez pas trop.

B. **La semaine et le week-end.** Compare what you typically do during the week with what you do on the weekend. Vary your sentences as much as possible.

   Exemple: *Pendant la semaine, je me lève à six heures, mais pendant le week-end, je peux me lever à midi.*

C. **Les expressions figuratives.** The **Note culturelle** on p. 280 of your text mentions some French expressions that have figurative meanings. Below are some similar expressions in English. Using vocabulary you know, explain what they mean in French. Quite a few of them will use reflexive verbs.

   1. He bought the farm. (*or* He kicked the bucket.) ----------------------------

2. Hold it! ---

3. Does that ring a bell? --

4. He's going to blow his stack. ------------------------------------

5. Get the lead out! ---

6. You've twisted my arm. --

7. I've got my eye on a new car. -----------------------------------

8. Dig in. --

9. Rise and shine! ---

10. Hit the sack! --

11. We're history. --

12. You're pulling my leg. ---

PARTIE ORALE

Mise en scène

*11.1   **La nouvelle culture, c'est la culture physique,** p. 261.

11.2   **Risques.** The people shown below are doing things that they will be sorry for later. Decide if the warnings they get are VRAI or FAUX, and underline the appropriate words. You will hear each problem twice.

Modèle:

You hear: Vous allez avoir mal au dos si vous faites ça!
You underline VRAI.

1. VRAI FAUX

2. VRAI FAUX

3. VRAI FAUX

4. VRAI FAUX

5. VRAI FAUX

6. VRAI FAUX

Le présent des verbes réfléchis

*11.3 **Chez le médecin,** p. 268.

*11.4 **C'est l'heure!,** p. 269 A.

*11.5 **Tout va mal,** p. 269 B.

11.6 **Problèmes.** Some people are talking about the problems they're having. Jot down in English what each person says. You will hear each item twice.

Modèle: You hear: Ma grand-mère ne se soigne pas. Elle ne mange pas bien et elle ne prend pas ses médicaments.
You jot down: Ma grand-mère: *doesn't take care of herself; doesn't eat well or take medicine*

1. Mes enfants: --

2. Mes parents et moi: --

3. Notre fille: ---

4. Moi: ---

5. Mes enfants: --

L'infinitif des verbes réfléchis

*11.7 **Bonne journée!**, pp. 270-271.

*11.8 **Les bonnes résolutions**, p. 271 A.

*11.9 **Différences**, p. 272 B.

11.10 **Pour être en bonne condition physique.** People are talking about what they've decided to do to get in shape or stay healthy. Jot down what each person says in English. You will hear each item twice.

Modèle: You hear: Je vais m'arrêter de boire du vin avec tous mes repas.
You jot down: *going to stop drinking wine with all meals*

1. Paul: --

2. Jean et Louis: ---

   ----

3. Anne et ses amis: --

   ----

4. Nous: --

5. Toi: --

6. Nous: --

Le passé composé des verbes réfléchis

*11.11 **Une histoire d'amour**, p. 274.

*11.12 **On va faire une cure à Evian**, p. 275 C.

*11.13 **Au club de gymnastique**, p. 275 E.

11.14 **Maman se fait du souci.** André's mother tends to worry about him while he is away at the university, and so she often calls him to find out how he is. For each question his mother asks, decide whether or not André gives an appropriate answer, and underline OUI or NON. You will hear each exchange twice.

Modèle: You hear: -A quelle heure est-ce que tu t'es couché hier soir?
-Je me suis dépêché de finir tous mes devoirs.
You underline NON.

1. OUI NON   3. OUI NON   5. OUI NON

2. OUI NON   4. OUI NON   6. OUI NON

L'impératif des verbes réfléchis

*11.15 **C'est l'heure!**, p. 277.

*11.16 **Conseils**, p. 277.

*11.17 **Chez le médecin**, p. 277.

11.18 **Ordres.** Monsieur Grandjean likes to tell people what to do. For each situation he describes, choose the command you hear that best describes what he might say, and circle the appropriate letter below. You will hear each item twice.

Modèle: You hear: Tu vas être en retard.
  a. Dépêche-toi! b. Ne te marie pas! c. Amuse-toi bien!
  You circle *a*

1. a b c   3. a b c   5. a b c

2. a b c   4. a b c   6. a b c

Intégration et perspectives

*11.19 **Chez le médecin.** Listen to the conversation that takes place as Monsieur Vincent is examined by his doctor. Then answer the following questions in English. You will hear the conversation twice.

1. What problem does Monsieur Vincent have in the morning? At noon? And in the evening? --

   ----

2. Name two pieces of advice that the doctor gives him for these complaints. ---

   ----

3. Why does Monsieur Vincent have trouble sleeping? ----------------------

   ----

4. What time does he get up in the morning? ------------------------------

5. Where does Monsieur Vincent work? ------------------------------------

11.20 Lettre. Henri has just started college and has received his parents' first letter, which is full of advice and news from home. During the pauses provided, write what his parents say. Each sentence will be read twice, then the entire passage will be read once again so that you can check your work.

1. --

----

2. --

----

3. --

----

4. --

11.21 Et vous? You have joined a health club, and an employee is helping you work out a health and exercise plan. Stop the tape after each question and write an appropriate answer in French. You will hear each question twice.

1. --

2. --

3. --

4. --

5. --

6. --

12
CHAPITRE DOUZE
L'apparence

PARTIE ECRITE

Mise en scène

Suggestions. Several of your friends are asking you for advice on clothing. Write your answers to your friends' questions. You may be either humorous or serious. Include colors in your answers where appropriate.

1. Qu'est-ce que je peux porter avec ce complet gris? --------------------------------

   ----

2. Ma soeur vient d'acheter une robe blanche. Où est-ce qu'elle peut la porter? ----

   ----

   ----

3. Je voudrais faire bonne impression sur les parents de ma petite amie. Qu'est-ce

   que je peux porter? ---

   ----

4. Mes amis m'ont invité(e) à faire un pique-nique au bord de la mer. Qu'est-ce que

   je peux porter? --

   ----

5. Il y a un pull-over marron que j'aime bien dans un petit magasin. Qu'est-ce que

   je peux porter avec un pull de cette couleur? -------------------------------

   ----

6. Mon père a besoin de quelque chose pour travailler dans son jardin. Qu'est-ce qu'il peut acheter? --

----

Les compléments d'objet indirect

A. **La vie de famille.** Madame Monot and a friend are talking about their relationships with their children and with their own parents. Use the cues to re-create their answers to the following questions. Be sure to use the appropriate indirect object pronoun in each response.

Modèle: Est-ce que tes enfants te téléphonent quand ils vont être en retard? (oui)
Oui, ils me téléphonent quand ils vont être en retard.

1. Est-ce qu'ils t'achètent toujours quelque chose pour ton anniversaire? (oui)

----

2. Est-ce que Paul et toi, vous téléphonez souvent à votre fils qui est étudiant?

(oui, très souvent) --

----

3. Et votre fils, est-ce qu'il vous téléphone quelquefois? (non, pas souvent)

----

4. Est-ce que tes enfants te posent beaucoup de questions? (oui) ----------------

----

5. Est-ce que tes enfants te parlent de leurs problèmes? (non, pas toujours)

----

6. Est-ce que tu peux parler franchement à tes parents? (oui) ------------------

----

7. Est-ce que tu rends très souvent visite à tes parents? (non) ----------------

----

8. Est-ce que vos enfants vous obéissent toujours? (non, pas toujours) ---------

----

B. Au grand magasin. While you're shopping with a French friend you tell him what some of the clerks and customers say. Write the French equivalent of each sentence below, being sure to use the appropriate direct or indirect object pronouns.

1. I showed her this dress, but she didn't like it. -----------------------------

    ----

2. Buy these shoes for us because we want them. ---------------------------------

    ----

3. The clerk *(le vendeur)* helped him choose a coat. Then he showed him a hat.

    ----

4. Some customers are telephoning you. Can you speak to them? -----------------

    ----

5. We just bought a new record. Let's listen to it tonight. --------------------

    ----

6. A customer asked me if we sell boots. I explained to him that we don't sell

    boots here. ---

Les verbes conjugués comme mettre

A. Résolutions. Several students are talking about resolutions they are making to improve their study habits. Using the words and phrases provided, re-create their statements.

Modèle: je / ne pas promettre / être parfait / mais / je / prometter / essayer
    Je ne promets pas d'être parfait mais je promets d'essayer.

1. Geneviève / promettre / ne pas parler en classe ----------------------------

    ----

2. nous / promettre / téléphoner / plus / parents -----------------------------

    ----

3. est-ce que tu / promettre / aller en classe / tous les jours ----------------

----

4. me / promettre / vous / ne pas remettre / travail / dernier / minute *(use*

   inversion) --

   --.

5. camarades de chambre / Suzanne / promettre / se coucher / plus tôt ----------

   ----

6. et / professeur / promettre / étudiants / être moins sévère ------------------

   ----

B. Conseils d'une mère.   Madame Simon, who thinks that today's parents are too permissive, is talking with her married daughter Mathilde about the way she is raising her children and running her life. Complete Madame Simon's statements by filling in the blanks with the appropriate form and tense of the verbs provided. Verbs can be used more than once.

verbes à utiliser: **admettre, mettre, permettre, promettre, remettre, se mettre**

J(e) ----------------------------- que les temps ont changé, mais tu exagères,

Mathilde. Par exemple, ton mari et toi, vous ----------------------------- à

Marie-Luce de sortir quand elle veut. Et l'autre soir, tu lui

----------------------------- de rentrer à une heure du matin. C'est un peu trop!

Et Michel qui n'a pas réussi à ses examens. Il vous -----------------------------

de travailler sérieusement, mais en réalité il ----------------------------- toujours

son travail à plus tard. C'est parce que Robert et toi, vous lui

----------------------------- d'avoir son propre appartement. Quand est-ce qu'il va

----------------------------- à travailler sérieusement?

Et puis, Robert et toi, vous n'êtes pas assez économes. Si vous n'avez pas assez

d'argent maintenant, il faut ----------------------------- à plus tard l'achat d'une

nouvelle maison. Tu es trop gentille avec tes enfants.

----------------------------- en colère de temps en temps! Ne leur

----------------------------- pas d'avoir tant de liberté. Demande-leur de

---------------------------------- la table de temps en temps. Et s'ils ne sont pas à la

maison à l'heure pour le dîner ---------------------------- à table sans eux.

---------------------------------- -moi de faire un effort pour être plus sévère.

Le comparatif

A. **Rivalité.** Guy Lacrême believes that he is better than his friend Armand. Each time his friend makes a statement, Guy tries to outdo it. Re-create his statements by using the appropriate form of the comparative.

Modèles: Je suis assez gentil.
Je suis plus gentil que toi.
Mes enfants obéissent bien.
Mes enfants obéissent mieux que tes enfants.

1. En général, je suis très patient. --

----

2. Je me débrouille assez bien en espagnol. ---------------------------------

----

3. Ma voiture est très économique. --

----

4. Chez nous, nous mangeons très bien. --------------------------------------

----

5. Ma femme est très belle et très intelligente. ----------------------------

----

6. J'ai un très bon travail. --

7. Nous habitons dans un beau quartier. -------------------------------------

----

8. Notre maison a coûté cher. --

9. J'ai beaucoup d'amis. --

10. Mes enfants m'aident beaucoup. --

B. Comparaisons. Using the suggestions below (or other ideas of your own) and the comparative, write a paragraph of at least five sentences in which you tell how university life is different from high school life. Vary your sentences as much as possible. Be sure to use the comparative of adjectives, nouns, and adverbs.

Sujets que vous pouvez mentionner: **temps libre, cours, amis, responsabilités, intérêts, attitudes, professeurs, etc.**

Verbes que vous pouvez utiliser: **étudier, travailler, porter, manger, avoir, s'amuser, se débrouiller, accomplir, comprendre, s'entendre, etc.**

Exemple: *Maintenant que je suis à l'université j'ai moins de cours, mais mes devoirs sont beaucoup plus difficiles!*

Le superlatif

A. Opinions. Susan has asked a French friend about various aspects of French life. Use the cues to re-create her friend's answers to the following questions.

Modèle: un bon restaurant à Lyon? (Paul Bocuse)
A mon avis, Paul Bocuse est le meilleur restaurant de Lyon.

1. un musée intéressant à Paris? (le Centre Pompidou)

   A mon avis, ---

2. une belle région dans le sud-ouest? (le Pays Basque)

   A mon avis, ---

3. un bon vin rouge? (le Pommard)

   A mon avis, ---

4. une voiture très économique? (la 2CV)

   A mon avis, --

5. une ville pittoresque en Alsace? (Riquewihr)

   A mon avis, --

6. une bonne spécialité régionale? (la bouillabaisse)

   A mon avis, --

7. une région où on mange bien? (la Bourgogne)

   A mon avis, --

B. **A votre avis.** Everyone has an opinion about what or who is the best. Using the cues provided, give your opinions and then explain why you feel the way you do. Be sure to use the appropriate form of the superlative in each response.

   Exemple: un bon professeur à l'université?
   A mon avis, Monsieur Dupont est le meilleur professeur de l'université. Il essaie de nous comprendre, et il est toujours prêt à nous aider.

1. un restaurant bon marché? ---

   ----

2. une belle actrice ou un bel acteur de cinéma? --------------------------

   ----

   ----

3. un bon film qu'on passe à ce moment? ----------------------------------

   ----

   ----

4. un cours intéressant? ---

   ----

5. une jolie région aux Etats-Unis? --

----

6. un homme ou une femme politique très admiré(e) (ou pas très admiré(e))?

----

7. un chanteur ou une chanteuse qui a beaucoup de talent? ---------------------

----

----

8. des vêtements confortables? --

Intégration et perspectives

A. **La vie universitaire.** You and some French friends are comparing the lives of American and French university students. Write what you would say in French to convey the following information.

1. Ask if professors permit their students to telephone them. --------------------

----

2. Tell your friends in which course you have the most work. --------------------

----

3. Find out if your friends have as many problems as you have. ----------------

----

4. Tell your friends which of your professors is the most interesting, and why.

----

5. Find out if their professors get angry when students ask them questions. -----

----

6. Find out if students usually put off their work until the last minute. ------

----

7. Ask your friends who their best professor is this year. ----------------------

----

8. Tell your friends where on your campus students eat the best. ---------------

----

B. Le Guide Michelin. Using the information given in the **Guide Michelin,** answer the following questions about the restaurants and hotels in Angers.

Le choix
d'un hôtel,
d'un restaurant

LA TABLE

❀ 516	Une bonne table dans sa catégorie.
❀❀ 59	Table excellente, mérite un détour.
❀❀❀ 17	Une des meilleures tables de France, vaut le voyage.

Repas

Établissement proposant un menu simple à moins de **18 F.**	←
Établissement pratiquant le service compris ou prix nets	SC
Prix fixe minimum 20 et maximum 45 des repas servis aux heures normales (12 h à 13 h 30 et 19 h 30 à 21 h)	**R** 20/45
Prix fixe minimum 19 non servi les dimanches et jours de fête	19/25
Repas soigné à prix modérés	**R** 20
Boisson comprise	bc
Vin de table en carafe à prix modéré	⏆
Repas à la carte – Le premier prix correspond à un repas simple comprenant : entrée, plat garni et dessert	**R** carte 38 à 50
Le 2ᵉ prix concerne un repas plus complet (avec spécialité) comprenant : hors-d'œuvre, deux plats, fromage et dessert	
prix du petit déjeuner du matin servi dans la chambre	⛉ 8
Chambres – Prix minimum 25 pour une chambre d'une personne et prix maximum 80 pour la plus belle chambre ou petit appartement (y compris salle de bains s'il y a lieu) occupé par deux personnes	ch 25/80
Le prix du petit déjeuner est inclus dans le prix de la chambre	ch ⛉
Pension – Prix minimum et maximum de la pension complète par personne et par jour, en saison	P 58/75
Change des monnaies étrangères (pour les clients de l'hôtel)	⌷

L'AGRÉMENT

⛫⛫⛫ à ⛫ ⋀⋀⋀⋀ à ⋇	Hôtels agréables Restaurants agréables
⅋	Hôtel tranquille
⪡	Vue intéressante ou étendue

INSTALLATION

30 ch ou **30 ch**	Nombre de chambres (voir p. 18 : Le dîner à l'hôtel)
⇌wc ⇌	Salle de bains et wc privés, Salle de bains privée sans wc
⋔wc ⋔	Douche et wc privés, Douche privée sans wc
⌔	Téléphone dans la chambre communiquant avec l'extérieur
⅃	Chambres accessibles aux handicapés physiques
⊙	Parc à voitures, réservé à la clientèle de l'établissement
⌂ 25 à 150	L'hôtel reçoit les séminaires : capacité des salles
⊗ rest	Accès interdit aux chiens : au restaurant seulement
mai-oct.	Période d'ouverture d'un hôtel saisonnier

ANGERS 45000 M.-et-L. 63 ㉟ G. Châteaux de la Loire – 142 621 h. alt. 47 – ✪ 41 – .
Voir Château★★★ : tenture de l'Apocalypse★★★, tenture de la Passion★ – Cathédrale★★ – Arcades romanes★★ de la Préfecture BZ P – Église St-Serge★ : chœur★★ – Anc. hôpital St-Jean★ : tapisseries du Chant du Monde★★ – Maison d'Adam★ – Logis Barrault★ BZ **B** – Hôtel de Pincé★ BY **D**.
de St-Jean-des-Mauvrets 91.92.15 par ④ 15 km.
S.I. et Accueil de France Gare St-Laud 87.33.65, Télex 720930 (Informations et réservations urgentes d'hôtels) et avec T.C.F. 71 r. Plantagenet 88.69.93 – A.C.O. 21 bd Foch 88.40.22.
Paris 287 ① – Caen 215 ⑥ – Cholet 58 ④ – Laval 73 ⑨ – Le Mans 89 ① – Nantes 87 ⑤ – Orléans 211 ① – Poitiers 131 ④ – Rennes 126 ⑨ – Saumur 52 ③ – Tours 106 ①.

⛫⛫ **Concorde** M, 18 bd Foch 88.63.19, Télex 720923 – ⌔ TV ⇌ rest ⅃ – ⌂ 25 à 200. ⊗ rest
SC : **R** 38 et Brasserie le Gd Cercle – ⛉ 8 - **75 ch** ⛉ 95/130.

⛫ **Anjou**, 1 bd Mar.-Foch 88.24.82, Télex 720521 – ⌔ ⇌wc ⋔wc ⌔ – ⌷
R (fermé dim.) 28/100 - ⛉ 8,50 - **52 ch** 40/95.

⛫ **France et rest. Plantagenets**, 8 pl. Gare 88.49.42, Télex 720895 – ⌔ TV ⌔ rest ⇌wc ⋔wc ⌔ ⅃ – ⌂ 60.
SC : **R** (fermé dim. midi et sam.) carte 35 à 65 ⏆ - ⛉ 9 - **62 ch** 35/100.

⛫ **St-Julien** M sans rest, 9 pl. Ralliement 88.41.62 – ⌔ ⇌wc ⋔wc ⌔
SC : ⛉ 7,50 - **30 ch** 42/80.

⛫ **Europe** M sans rest, 3 r. Châteaugontier 88.67.45 – ⇌ ⋔wc ⌔ ⊙. ⌷
SC : ⛉ 7,50 - **29 ch** 51/83.

⛫ **Progrès** sans rest, 26 r. D.-Papin 88.10.14 – ⌔ TV ⇌wc ⋔wc ⌔ ⌷
SC : ⛉ 7 - **42 ch** 55/85.

⛫ **Iéna** M sans rest, 27 r. Marceau 87.52.40 – ⌔ ⇌wc ⋔wc ⌔. ⊗
SC : ⛉ 7 - **19 ch** 28/67.

⛫ **Univers** sans rest, 16 r. Gare 88.43.58 – ⌔ ⇌wc ⋔wc ⌔ ⅃. ⌷
SC : ⛉ 6 - **45 ch** 25/78.

⛫ **Croix de Guerre**, 23 r. Châteaugontier 88.66.59 – ⇌wc ⋔wc ⌔ ⊙. ⌷
fermé 15 déc. au 15 janv. - SC : **R** (fermé sam.) 29/50 - ⛉ 7,50 - **28 ch** 33/66.

⛫ **Boule d'Or**, 27 bd Carnot 43.76.56 – ⇌wc ⌔ ⊙. ⌷
SC : **R** (fermé vend.) 23/65 - ⛉ 6,50 - **28 ch** 30/64 - P 75/85.

⛫ **Royal** sans rest, 8 bis pl. Visitation 88.30.25 – ⌔ ⇌wc ⋔wc ⌔
fermé août - SC : ⛉ 7,50 - **40 ch** 30/70.

⛫ **Roi René** sans rest, 16 r. Marceau 88.88.62 – ⌔ ⋔ ⌔. ⊗
SC : ⛉ 7 - **23 ch** 32/70.

⛫ **Jeanne de Laval** sans rest, 34 bd Roi-René 88.51.95 – ⇌wc ⌔ – ⌂ 50 à 200. ⊗
fermé 1ᵉʳ au 16 août - SC : ⛉ 7,50 - **12 ch** 30/77.

⛫ **Champagne** sans rest, 17 pl. P. Sémard 88.78.06 – ⋔wc ⌔
SC : ⛉ 7 - **24 ch** 37/65.

⛫ **Mail** ⅋ sans rest, 8 r. Ursules 88.56.22 – ⋔wc ⌔ ⊙. ⊗
SC : ⛉ 6,50 - **20 ch** 22/55.

XXX ❀ **Le Vert d'Eau**, 9 bd G.-Dumesnil 88.42.74 – ⊙
fermé 2 au 31 août, dim. soir et lundi sauf Pâques – SC : **R** 36/55
Spéc. Poissons de Loire beurre blanc, Fricassée de poulet, Fraises ''Marguerite d'Anjou''. Vins Montsoreau, Champigny.

XX **Le Logis**, 17 r. St-Laud 87.44.15
fermé août, dim. et fêtes – SC : **R** carte 45 à 75.

XX **Les Grillades**, 58 bd Doyenné par quai F.-Faure 43.80.35 – ⊙
fermé dim. de fin juin à fin oct. – SC : **R** 21 bc/55 ⏆.

XX **Entr'acte**, 9 r. L.-de-Romain 87.33.76
fermé 13 juil. au 17 août et sam. – SC : **R** 22/67.

XX **Chez Labarre**, 7 r. Toussaint 87.46.20
fermé sept., dim. soir en juil., août et merc. – SC : **R** 30/51.

XX **L'Entrecôte**, av. Joxé (M.I.N.) par av. Besnardière 43.71.77 – ⊙
fermé août, sam. et dim. – SC : **R** (déj. seul.) 20 bc/38 ⏆.

X **Mairie**, 42 r. D.-d'Angers 87.51.48
fermé 1ᵉʳ au 23 août, 2 au 9 fév., dim. soir et lundi – SC : **R** 20 bc/40 ⏆.

X **Club 1925**, 4 r. Anjou 87.62.36
fermé août et dim. – SC : **R** 19/30 ⏆.

Chapitre douze

1. Quel est le plus petit hôtel d'Angers? -------------------------------------

   ----

2. Est-ce que les chambres de l'Hôtel de l'Univers sont plus chères que les

   chambres de l'Hôtel St.-Julien? ---

   ----

3. Est-ce que l'Hôtel d'Anjou est aussi grand que l'Hôtel du Roi René? ----------

   ----

4. Selon les symboles, où est-ce qu'on mange le mieux à Angers? ----------------

   ----

5. Quel est le restaurant le moins cher? --------------------------------------

   ----

6. Quel est l'hôtel le plus cher? ---

   ----

7. Où est-ce qu'on trouve les chambres les moins chères? ----------------------

   ----

8. Est-ce que l'Hôtel Croix de Guerre a autant de chambres que l'Hôtel de

   l'Europe? ---

   ----

9. Quel hôtel ne permet pas à ses clients d'amener *(to take)* leur chien au

   restaurant? ---

C. La mode aujourd'hui. A French friend wants to know what American university students wear. Describe several different styles that you see on your campus, and tell what you think of each.

   Exemple: *Sur mon campus, il y a des étudiants qui portent des joggings pour venir en classe. J'admets que c'est très confortable, mais je ne trouve pas ça élégant.*

177

PARTIE ORALE

Mise en scène

*12.1 **Aux Galeries Lafayette,** pp. 285–286.

12.2 **A l'aéroport.** You are going to the airport to pick up a couple you've never met, although you have a description of the couple and you know what they will be wearing. Based on the description you hear, pick out the couple you are going to meet from the drawings below. You will hear the description twice.

1.

3.

2.

4.

Chapitre douze

Les compléments d'objet indirect

*12.3 **Noël approche...**, pp. 292-293.

*12.4 **Générosité**, p. 293 A.

*12.5 **Il y a des gens qui changent d'avis comme de chemise**, p. 293 C.

12.6 **En autobus.** As you are riding on a bus, you can overhear the conversations of people around you. Each person speaking will use a pronoun. Decide whether the pronoun you hear is a direct object, an indirect object or a disjunctive pronoun, and write in the appropriate column below. You will hear each statement twice.

Modèle: You hear: Les enfants ne leur obéissent jamais.
You write *leur* under "indirect object."

direct object	indirect object	disjunctive
1. -------------------	---------------------	---------------------
2. -------------------	---------------------	---------------------
3. -------------------	---------------------	---------------------
4. -------------------	---------------------	---------------------
5. -------------------	---------------------	---------------------
6. -------------------	---------------------	---------------------
7. -------------------	---------------------	---------------------
8. -------------------	---------------------	---------------------

Les verbes conjugués comme mettre

*12.7 **Un compromis acceptable**, p. 296.

*12.8 **Qu'est-ce qu'on va mettre?**, p. 296 A.

*12.9 **Promesses**, p. 296 B.

12.10 Réponses. Alice is asking people some questions. Decide whether or not the answers she gets are appropriate, and underline OUI or NON. You will hear each exchange twice.

Modèle: You hear: -Est-ce que nous allons manger bientôt?
   -Oui, nous allons nous mettre à table dans vingt minutes.
   You underline OUI.

1. OUI   NON   4.   OUI   NON

2. OUI   NON   5.   OUI   NON

3. OUI   NON   6.   OUI   NON

Le comparatif

*12.11   **Dans une boutique de vêtements,** pp. 298-299.

*12.12   **Paris et la province,** p. 299 A.

*12.13   **Evian ou Vittel,** p. 300 C.

12.14   **Descriptions.**   Decide whether or not the statements you hear correctly describe the drawings below, and underline OUI or NON. You will hear each statement twice.

Modèle: You hear: Martine est plus grande que son frère Pierre.
   You underline OUI.

1. OUI NON

2. OUI NON

3. OUI NON

4. OUI NON

5. OUI NON

6. OUI NON

Le superlatif

*12.15 **Qui va gagner le gros lot?**, p. 303.

*12.16 **Paris**, p. 304 B.

12.17 **Au Marché aux puces.** Monsieur Gérard, Madame Tournier and Madame Thibault are competitors, dealing in old clothes, at the flea market in Le Marais, a fashionable district in Paris. The chart below shows what each of them sold today. Decide if the statements you hear about this information are VRAI or FAUX, and underline the appropriate words. You will hear each statement twice.

Modèle: You hear: Monsieur Gérard a vendu le plus de complets.
  You underline FAUX.

181

	M. Gérard			Mme Tournier			Mme Thibault	
1 complet		100F	2 complets		95F	4 complets		320F
2 chapeaux		25F	3 chapeaux		70F	1 chapeau		15F
5 chemises		14F	6 chemises		13F	3 chemises		10F
8 paires de chaussettes		3F	7 paires de chaussettes		3F	6 paires de chaussettes		2F
1 jupe		30F	1 jupe		28F	4 jupes		35F
3 paires de chaussures		110F	1 paire de chaussures		55F	3 paires de chaussures		145F
Total: 20 articles		282F	20 articles		264F	20 articles		527F

1. VRAI FAUX	5. VRAI FAUX	9. VRAI FAUX
2. VRAI FAUX	6. VRAI FAUX	10. VRAI FAUX
3. VRAI FAUX	7. VRAI FAUX	
4. VRAI FAUX	8. VRAI FAUX	

Intégration et perspectives

12.19 **A mon avis...** Madame Lemoine is talking about what she thinks college students should wear. After you listen, decide whether or not Madame Lemoine might have made the statements below, and underline OUI or NON. You will hear the passage twice.

1. OUI   NON Les étudiants ne se préoccupent pas assez de leur apparence.

2. OUI   NON Les jeunes filles n'ont pas l'air féminin.

3. OUI   NON Les tee-shirts sont peut-être confortables, mais ils coûtent trop cher.

4. OUI   NON Quand on est jeune, on peut s'habiller comme on veut; ça n'a pas d'importance.

5. OUI   NON Il faut essayer de faire bonne impression sur les gens qu'on rencontre.

12.20 **Soirée.** Some students are talking about their evening out last night. During the pauses provided, write what they say. You will hear each line twice, then the entire passage will be read once again so that you can check your work.

1. --

----

2. --

----

3. --

----

4. --

12.21 **Et vous?** A French friend is asking you about yourself and your preferences. Stop the tape after each question and write an appropriate answer in French. You will hear each question twice.

1. --

2. --

3. --

4. --

5. --

----

6. --

13
CHAPITRE TREIZE
Le passé et les souvenirs

PARTIE ECRITE

Mise en scène

A. **Conversation.** Imagine that the narrator and the person described in **Déjeuner du matin** are having a conversation. In the space provided, indicate how you think the person described in the poem would answer these questions.

1. Qu'est-ce qui ne va pas? ---

2. Pourquoi n'es-tu pas heureux? ---

   ----

3. Pourquoi est-ce que tu refuses de me parler? ---------------------------------

   ----

4. Qu'est-ce qui te préoccupe? --

   ----

5. Pourquoi veux-tu me quitter? ---

   ----

6. Où est-ce que tu vas aller? --

   ----

7. Qu'est-ce que je peux faire pour te rendre heureux? --------------------------

   ----

8. Est-ce que tu vas revenir un jour? ---

   ----

9. Qu'est-ce que je vais devenir sans toi? -------------------------------------

----

B. Les étapes de la vie. Each stage of life is characterized by certain joys, concerns, and activities. Try to give a general picture of the following stages of life.

Exemple: l'enfance

Quand on est enfant, on s'intéresse à tout.   On a toujours envie de s'amuser.

1. l'enfance ---

----

2. l'adolescence --

----

3. l'âge adulte ---

----

4. la vieillesse --

L'imparfait

A. Souvenirs. Claudine is reminiscing about her childhood on a farm. Complete her story by giving the appropriate form of the imperfect of the verbs in parentheses.

Quand j'----------------------------- (être) petite, nous

----------------------------- (habiter) dans une ferme qui

----------------------------- (se trouver) à quelques kilomètres d'un petit village.

C'----------------------------- (être) un tout petit village où il n'y

----------------------------- (avoir) pas beaucoup d'habitants. Mon père

----------------------------- (être) satisfait de cette situation mais ma mère

----------------------------- (s'ennuyer) *(to get bored)* un peu. Mon frère et moi,

nous (être) très contents et nous ----------------------------- (s'amuser) beaucoup.

Moi, j' (adorer) ----------------------------- l'été. Le matin, j'------------------------------- (aider) maman dans la maison et l'après-midi, mon père

nous ------------------------------ (emmener) travailler dans les champs *(fields)*. Le

dimanche, nous ------------------------------ (aller) à la messe *(mass)* le matin et

l'après-midi, nous ------------------------------ (faire) souvent un pique-nique au

bord de la rivière. Mon père ------------------------------ (choisir) toujours un

endroit agréable. Après le déjeuner, mon frère et moi, nous

------------------------------ (pouvoir) jouer dans l'eau pendant que mes parents

------------------------------ (se reposer). Maintenant, j'habite dans une grande

ville et je regrette beaucoup notre petit village tranquille.

B. Interview. Imagine that you are going to interview a French senior citizen to find out what life was like when this person was growing up. Using the **vous** form, how would you ask the following questions in French?

1. How was life in those days? ---

   ----

2. Where were you living when you were twenty? ------------------------------

   ----

3. Were married women able to have a profession? ----------------------------

   ----

4. There was no radio or television at that time, was there? --------------------

   ----

5. What did you do to have fun? ---

   ----

6. At what age did people usually get married? -------------------------------

   ----

7. Where did people go on vacation in those days? ---------------------------

   ----

8. In your opinion, were people happier in those days? -----------------------

Les adverbes

A. Un vol. Stéphanie's car has been stolen. Using the cues in parentheses, write the answers to the questions Stéphanie's friends ask about the incident.

Modèle: Quand est-ce qu'on a volé ta voiture? *(today)*
On l'a volée aujourd'hui.

1. Où l'as tu laissée? *(over there)* --

----

2. Tu es certaine de cela? *(yes, really)* -------------------------------------

----

3. Il n'y a pas d'autre possibilité? *(no, absolutely not)* ---------------------

----

4. Où est-ce que tu l'as cherchée? *(everywhere)* -----------------------------

----

5. Est-ce que tu l'as fermée à clé? *(yes, always)* ---------------------------

----

6. As-tu expliqué la situation à tes parents? *(no, not yet)* -------------------

----

7. As-tu parlé à la police? *(yes, already)* ----------------------------------

----

8. Les agents ont-ils répondu à tes questions? *(yes, patiently)* ----------------

----

9. Et toi, as-tu répondu à leurs questions? *(yes, precisely)* -------------------

----

10. Est-ce qu'ils peuvent t'aider à retrouver ta voiture? *(yes, perhaps)* --------

----

B. Un peu de philosophie. People have different opinions about how to appreciate life or cope with its problems. To find out their ideas, rearrange the following words to form meaningful sentences, and then indicate whether you agree or disagree with the statements.

Exemple: courageusement / vivre / il faut
Je suis d'accord; il faut vivre courageusement.

1. facile / la vie / quelquefois / n'est pas ---

   ----

2. des gens heureux / et des gens qui ne sont pas heureux / partout / il y a ----

   ----

3. dans la vie / qui / les gens riches / réussissent / sont ----------------------

   ----

4. bien / quand / tranquille / on / travaillé / la conscience / on a ------------

   ----

5. un travail / est / vite fait / rarement / bien fait / un travail -------------

   ----

6. bien / tout / est / bien / finit ---

L'imparfait et le passé composé

A. Personnellement. Answer each question as it applies to you.

1. Hier soir, quel temps faisait-il quand vous vous êtes couché(e)? -------------

   ----

2. Et ce matin, quel temps faisait-il quand vous êtes parti(e) pour vos cours? --

   ----

3. Qui était dans la salle de classe quand vous êtes entré(e)? ------------------

   ----

4. Que faisaient vos amis quand vous les avez salués? -------------------------

   ----

ne ---------------------------- pas le fiancé. Le

---------------------------- -vous?

Mme Henri: Non, nous ne le ---------------------------- pas très bien, mais nous

---------------------------- qui est son père. Vous

----------------------------, nous habitons ici depuis seulement un

an et il est difficile de ---------------------------- tout le monde

en si peu de temps.

Mme Simon: Oui, c'est vrai. Autrefois, nous ---------------------------- bien les

habitants de ce quartier, et maintenant avec tant de changements, je

ne ---------------------------- même pas tous les magasins de la

ville. Je ---------------------------- où aller faire la plupart de mes

courses.

Mme Henri: A propos de magasin, ---------------------------- -vous qu'on va

ouvrir *(open)* une nouvelle boutique de vêtements au coin de la rue?

On dit que les propriétaires vont lancer une campagne publicitaire

pour attirer les clients et pour ---------------------------- si

leurs articles vont bien se vendre.

Mme Simon: Oui, je le ----------------------------, et mes enfants le

---------------------------- aussi. C'est le fils du commerçant qui

leur en a parlé. Ils ---------------------------- ce garçon l'année

dernière, parce qu'ils étaient dans la même classe que lui.

B. On ne sait pas tout. Make a list of people, places, and things you don't know.

Exemples: *Je ne connais pas le président des Etats-Unis.*
           Je ne sais pas piloter un avion.

- -

- -

- -

- -

- -

Les pronoms y *et* en

A. Tout change. Several people are talking about things that are now different. Re-create their statements, using the model as a guide.

> **Modèles:** Autrefois, nous allions en vacances en Suisse.
> *Mais maintenant, nous n'y allons plus.*
> *Mais l'année dernière, nous n'y sommes pas allés.*
> *Mais l'année prochaine, nous n'allons pas y aller.*

1. Autrefois, j'habitais à Strasbourg.

    Mais maintenant, -

2. L'année dernière, Paul a travaillé dans un restaurant.

    Mais l'année prochaine, -

3. Autrefois, tu allais chez tes parents tous les dimanches.

    Mais l'année dernière, -

4. Autrefois, Marianne voulait habiter au Canada.

    Mais maintenant, -

5. Le trimestre dernier, j'ai passé tout mon temps à la bibliothèque.

    Mais maintenant, -

6. Il y a deux ans, nous sommes restés à l'Hôtel du Mont Blanc.

    Mais l'été prochain, -

7. Autrefois, je pensais tout le temps à mes problèmes.

    Mais maintenant, -

B. Nous sommes tous dans la même situation. Several friends have decided that they share many of the same problems. Re-create their statements, using the model as a guide.

Chapitre quatorze

Modèle: Le mois dernier, nous avons eu beaucoup de visites. Et vous?
Nous en avons eu beaucoup aussi.

1. L'année dernière, vous aviez beaucoup de problèmes financiers. Et Paul? ----- --

2. Vos amis ont eu quelques difficultés pendant leur voyage à l'étranger. Et vous? --

3. La semaine dernière, les étudiants ont eu un peu trop de travail. Et les professeurs? ---

4. Paul a bu beaucoup trop de vin vendredi soir. Et les autres invités? -------- --

5. Sylviane a plusieurs camarades de chambres. Et toi? ------------------------- --

6. Autrefois, il y avait beaucoup de gens pauvres en France. Et aux Etats-Unis? --

7. J'ai quelques problèmes en ce moment. Et Nadine? --------------------------- --

8. La plupart des étudiants ont quinze heures de cours par semaine. Et toi? ---- --

9. J'ai besoin d'acheter quelques nouveaux livres. Et toi? --------------------- --

C. **Encore et toujours!** We all have things that we used to do. Using **y** or **en**, tell what some of these things are for you or for people you know, and whether or not you still do them.

Exemples: *Autrefois, j'allais souvent à la plage, et aujourd'hui j'y vais encore.*
Autrefois, mes amis avaient du temps libre, mais maintenant ils n'en ont plus.

1. --

----

2. -

- -

3. -

- -

4. -

- -

5. -

- -

- -

Le futur

A. Prédictions. Claire Voillante has had a dream in which she saw the future of her life and that of her friends. She is sharing her dream with them. Re-create her statements, using the appropriate forms of the future tense.

Modèle: je / ne pas être / riche / mais / je / être / assez heureux
Je ne serai pas riche mais je serai assez heureuse.

1. je / habiter / joli / petit / maison -

- -

2. mon futur mari et moi, nous / avoir / vie / long / et heureux - - - - - - - - - - - - - -

- -

3. mon mari / s'occuper / enfant / et / ce / être / moi / qui / travailler - - - - - -

- -

- -

4. et toi, Michel, tu / faire / études / médecine / et / tu /devenir / très

célèbre -

- -

5. Jean-Claude et Micheline / ne pas finir / études / mais / ils / réussir /

trouver / travail -

- -

6. et vous, Anne et Marc, vous / attendre / quelques années / pour / se marier

----

----

7. année prochaine, il / pleuvoir / pendant trois semaines / et / il / y avoir /

grandes inondations --

----

8. gouvernement / envoyer / Robert / France ------------------------------

----

9. il / falloir / être / courageux / parce que / nous / rencontrer / beaucoup /

difficultés --

----

10. mais heureusement / nous / pouvoir / rester en contact / et / nous / être /

contents de passer de bons moments ensemble ------------------------

----

B. Visions de l'avenir. Complete the sentences below to indicate what you think will happen to you or other people in the future.

1. Dans vingt ans, je ---

----

2. Le nouveau Président des Etats-Unis --------------------------------

----

3. Quand nous serions vieux, --

----

4. Dès que j'aurai mon diplôme, -------------------------------------

----

5. A l'avenir, les voitures --

6. Au siècle prochain, les pays du monde --

----

7. Dans dix ans, mon professeur de français --

----

8. Quand je gagnerai ma vie, --

----

9. Quand mes amis quitteront l'université, --

----

10. Quand nous serons au vingt et unième siècle, --

Les verbes voir *et* croire

A. **Le va-et-vient habituel.** People who live in small towns are used to seeing each other at the same locations and are surprised when people don't show up. Re-create the statements below, using the appropriate forms of **voir**.

Modèle: Je *vois* Jean tous les jours au stade mais hier je *ne l'ai pas vu.*

1. En général, nous ------------------------------ Madame Poiret à la boulangerie

mais hier nous ------------------------------.

2. D'habitude, quand ils rentrent de l'école, les enfants

------------------------------ nos voisins mais hier ils

------------------------------.

3. Chaque année, Michelle ------------------------------ ses cousins à une

réunion de famille, mais l'année dernière, elle ------------------------------.

4. Quelquefois je ------------------------------ Jean-Luc et Marie-Claire au club de

gymnastique mais hier je ------------------------------.

5. En général, tu ------------------------------ Madame Leblanc à l'église, mais est-

ce que tu ------------------------------ hier?

6. Vous ---------------------------- toujours ce vieil homme qui fait une

promenade, mais hier vous ------------------------------.

B. **Opinions.** Some people are talking about their opinions on different subjects. Complete their statements with the appropriate form and tense of **croire**.

1. Quand ils étaient très petits, mes enfants ---------------------------- que

j'avais toujours raison, mais maintenant ils ---------------------------- que

je n'ai jamais raison!

2. Autrefois, je ---------------------------- que la pollution n'était pas un

problème sérieux, mais maintenant je ---------------------------- que c'est une

question qu'il faut résoudre immédiatement.

3. Beaucoup de jeunes sont naïfs: ils ---------------------------- que le

gouvernement peut résoudre tous les problèmes du pays. Mais quand ils seront

plus vieux, je suis sûr qu'ils ---------------------------- que le

gouvernement ne peut pas tout faire.

4. J'ai vu un article bizarre sur la crise de l'énergie dans le journal hier. Je ne

l'----------------------------, et à mon avis les autres ne vont pas le

---------------------------- non plus.

5. Tu ---------------------------- que les décisions récentes du gouvernement ne

sont pas bonnes, n'est-ce pas? Si oui, il faut envoyer une lettre à ton député

(*representative*).

6. Mon mari et moi, nous avons fait la connaissance d'une femme qui fait de la

recherche médicale. Nous ---------------------------- que son travail est si

important que nous allons contribuer à sa recherche.

C. **A chacun sa vérité.** Using the appropriate forms of **croire** and vocabulary you know, indicate some of the things you and others believe.

1. Moi, je --

2. La plupart des gens ---

   ----

3. Il y a des gens qui --

   ----

4. J'ai un(e) ami(e) qui --

   ----

5. Autrefois, je --

6. Autrefois, les gens --

Intégration et perspectives

A. **Horoscope.** Madame Mirka was unable to complete her weekly horoscope. Help her complete her work by filling in the missing verbs in each paragraph. The verbs to be used are at the end of each paragraph. Be sure to use the appropriate form of the future tense.

1.

   Bélier (21 mars - 20 avril)

   Ce ----------------------------- une semaine moins facile

   que la semaine dernière. Vous ------------------------------

   des conflits avec vos frères et vos soeurs. Vous

   ----------------------------- plus tôt que d'habitude.

   Physiquement, vous ----------------------------- mieux.

   (*verbes à utiliser:* **avoir, être, se lever, se sentir**)

2.

   Taureau (21 avril - 20 mai)

   Vous ----------------------------- compter sur l'aide de

   vos amis et de votre famille. Mais il

   ----------------------------- prendre une décision

   importante. Vos meilleurs jours----------------------------

   le 5 et le 6.

   (*verbes à utiliser:* **être, pouvoir, falloir**)

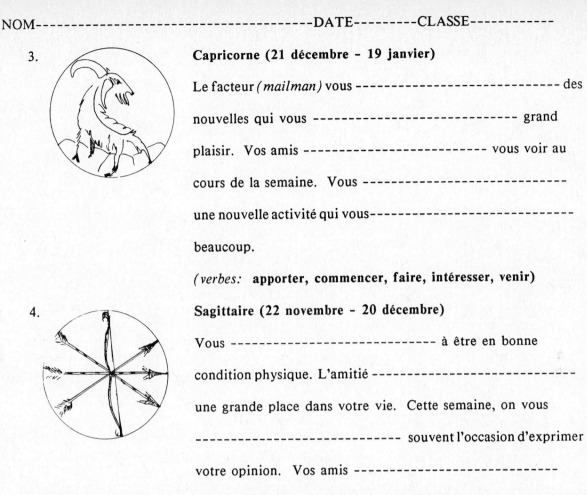

3.   **Capricorne (21 décembre - 19 janvier)**

Le facteur *(mailman)* vous ------------------------------- des

nouvelles qui vous ---------------------------- grand

plaisir. Vos amis --------------------------- vous voir au

cours de la semaine. Vous -----------------------------

une nouvelle activité qui vous----------------------------

beaucoup.

(verbes: **apporter, commencer, faire, intéresser, venir)**

4.   **Sagittaire (22 novembre - 20 décembre)**

Vous ------------------------------- à être en bonne

condition physique. L'amitié ------------------------------

une grande place dans votre vie. Cette semaine, on vous

---------------------------- souvent l'occasion d'exprimer

votre opinion. Vos amis ----------------------------

passer du temps en votre compagnie.

(verbes: **continuer, donner, occuper, vouloir)**

B. Citations. Each of the following quotations *(citations)* represents an attitude about
the future or a way of dealing with the present. Explain in French what each one
means.

1. Aide-toi et le ciel t'aidera. (proverbe) ------------------------------------

      ----

2. L'homme se définit par ses actes. (Sartre) -----------------------------------

      ----

3. Je ne pense jamais à l'avenir; il vient toujours trop tôt. (Einstein) -------

      ----

4. Mieux vaut tard que jamais. (proverbe) --

----

5. Tout est pour le mieux dans le meilleur des mondes. (Voltaire) --------------

----

6. Tout vient à point à qui sait attendre. (proverbe) ---------------------------

----

7. On ne fait pas d'omelette sans casser les oeufs. (proverbe) ------------------

----

8. En vieillissant, on devient plus fou et plus sage. (proverbe) ----------------

----

C. **Projets de vacances.** You are writing to a French friend about your vacation plans. Write what you would say in French to convey the following information.

1. Say that you'll be in Paris soon. ---

----

2. Tell your friend that you believe you'll arrive on July 11. -------------------

----

3. Say that your plane will leave New York at 3:30 p.m. -------------------------

----

4. Say that no one will come with you. --

----

5. Say that you'll be able to stay only one week. -------------------------------

----

6. Tell your friend that you hope he or she will have the time to travel with

you. --

----

7. Find out what the weather will be like in Paris that week. -------------------

----

Chapitre quatorze

8. Ask if you'll need to bring an umbrella. -----------------------------------

   ----

9. Say that you know that you will have a good time. --------------------------

   ----

10. Ask if your friend knows the city well. -----------------------------------

    ----

11. Find out what monuments you'll see. ---

    ----

12. Say that you've never seen Notre-Dame, and that you'd really like to go there.

PARTIE ORALE

Mise en scène

*14.1   **L'avenir? Quel avenir?**, pp. 335-336.

14.2   **Points de vue.** Students in Madame Lafleur's history class are discussing what events might take place in the future. Decide whether each student's comment is generally **optimiste** or **pessimiste**, and underline the appropriate words in your lab manual. You will hear each statement twice.

    Modèle: You hear: A mon avis, la nouvelle technologie peut nous aider à
                        résoudre beaucoup de problèmes.
        You underline *optimiste*.

1. optimiste	pessimiste		6. optimiste	pessimiste
2. optimiste	pessimiste		7. optimiste	pessimiste
3. optimiste	pessimiste		8. optimiste	pessimiste
4. optimiste	pessimiste		9. optimiste	pessimiste
5. optimiste	pessimiste		10. optimiste	pessimiste

Les verbes connaître *et* savoir

*14.3   **Des nouveaux venus dans le quartier,** p. 341.

*14.4   **Est-ce que vous les connaissez?,** p. 341 A.

*14.5   **Qui sait nager?,** p. 342 B.

*14.6   **Quelqu'un qui sait toujours tout,** p. 342 C.

14.7   **Un cambriolage.**   There has been a burglary at an electronics store, and you are the police officer taking the theft report.   Jot down in English what the store owner tells you.   You will hear each statement twice.

Modèle: You hear: Nous savons que les cambrioleurs sont venus hier soir après minuit.
You jot down: *know that the burglars came last night after midnight.*

1. --

2. --

3. --

4. --
   ----

5. --

6. --

Les pronoms y *et* en

*14.8   **On a fait les provisions,** p. 345.

*14.9   **Différences,** p. 345 B.

*14.10   **Curiosité,** p. 346 D.

*14.11   **Projets de week-end,** p. 346 E.

14.12 **Discussions.** Some people are talking about their lives. Listen carefully to each of their statements. If you hear the pronoun **y** or the pronoun **en**, write in your lab manual both the pronoun you hear and the words it refers to. If you don't hear either pronoun, write **non**. You will hear each statement twice.

Modèle: You hear: J'ai pris la décision de travailler pendant un an avant de continuer mes études. Qu'est-ce que tu en penses?

You write: *en   de la décision de travailler*

1. --

2. --

3. --

4. --

5. --

6. --

7. --

8. --

9. --

10. --

Le futur

*14.13   **Ne repousse jamais à demain...,** p. 349.

*14.14   **J'ai confiance...,** p. 350 A.

*14.15   **Quand le ferez-vous?,** p. 350 B.

14.16   **C'est quand?** Several friends are talking about present, past, and future vacations. Listen to what each person says, then jot down the trip each refers to and mark when it takes or took place.

Modèle: You hear: Mes parents feront un long voyage aux Etats-Unis au mois de juillet.

You write: *trip to U.S. in July* and you mark the "future" column

trip	past	present	future
1. -----	-----	-----	-----
2. -----	-----	-----	-----
3. -----	-----	-----	-----
4. -----	-----	-----	-----
5. -----	-----	-----	-----
6. -----	-----	-----	-----
7. -----	-----	-----	-----
8. -----	-----	-----	-----

Les verbes voir *et* croire

*14.17   «Loin des yeux, loin du coeur», p. 352.

*14.18   La coupe du monde au football, p. 353 A.

*14.19   Un week-end à Paris, p. 353 B.

14.20   Gens, scènes et paysages.   Some people are telling what they see in different situations.   Jot down in English what each person says.   You will hear each statement twice.

Modèle: You hear: Quand le professeur est entré dans la classe, il a vu que les étudiants faisaient vite leurs devoirs.
You jot down: *when professor entered classroom, he saw that students were doing homework quickly*

1. --

2. --
   ----

3. --
   ----

4. --
   ----

5. --

Chapitre quatorze

6. ---

Intégration et perspectives

14.21 **Comment sera la vie?** Listen to the following interview with Professeur Barennes in which she tells her views on what life will be like in the next century. After you listen to the interview, decide whether or not the statements below describe what she predicted, and underline OUI or NON. You will hear the interview twice.

1. OUI NON Il y aura de nouvelles écoles pour les enfants.

2. OUI NON On continuera à regarder la télévision pour s'amuser.

3. OUI NON On travaillera beaucoup plus, et on aura moins de temps pour s'amuser.

4. OUI NON On prendra des vitamines spéciales pour être plus fort.

5. OUI NON Les ordinateurs feront tout le travail à la maison.

6. OUI NON On pourra visiter les autres planètes sans problème.

14.22 **Prédictions.** Listen to the predictions of Madame Lavenir, and write what she says in the pauses provided. You will hear each statement twice, then the entire passage will be read once again so that you can check your work.

1. ---

----

2. ---

----

3. ---

----

4. ---

14.23 Et vous? A reporter is asking students at your university what they think life will be like for them after graduation. Stop the tape after each question and write an appropriate answer in French. You will hear each question twice.

1. ---

2. ---

3. ---

4. ---

5. ---

   ----

6. ---

7. ---

15
CHAPITRE QUINZE
Le Québec

PARTIE ECRITE

Mise en scène

A. Portrait des étudiants américains. Using the **Mise en scène** as a guide, describe yourself or another student by answering the following questions.

1. Que pensez-vous de vos études universitaires? Sont-elles une bonne

   préparation pour la vie? --

   ----

2. Qu'est-ce que vous devez faire dans vos cours ce trimestre? (Par exemple,

   devez-vous écrire beaucoup de comptes-rendus, etc? ---------------------

   ----

3. Pourquoi avez-vous choisi de continuer vos études? Pourquoi avez-vous choisi

   cette université? ---

   ----

4. Quelles sont vos ambitions dans la vie? Avez-vous déjà choisi votre future

   profession? --

   ----

5. Comment payez-vous vos études (par exemple, travaillez-vous à mi-temps, avez-

   vous une bourse, etc)? ---

----

6. Quelle est la principale qualité des jeunes de votre génération? Et leur plus

   plus grand défaut? ---

   ----

7. Quelle est votre attitude envers le mariage? Est-ce que la plupart de vos

   amis ont la même attitude? --

   ----

8. Qu'est-ce que vous espérez accomplir dans la vie? -----------------------

   ----

B. Choix de cours. Several students are talking about courses that they are taking or that interest them. Based on the information given, complete their statements. Use the appropriate form and tense of **suivre** and give one or more course names.

1. Nous nous spécialisons en langues étrangères et nous -----------------------

   ----

2. Paul se spécialise en sciences; c'est pourqupoi il ----------------------------

   ----

3. Toi, tu t'intéresses à la politique et tu -------------------------------

   ----

4. Robert et Louise s'intéressent à l'art et ils -------------------------------

   ----

5. Je voudrais être psychologue; c'est pourquoi je ----------------------------

   ----

6. Anne et vous, vous voulez être professeurs de gymnastique; c'est pourquoi vous

   ----

   ----

7. L'année dernière, Annick est allée en Allemagne; avant de partir, elle -------

   ----

8. Roger veut travailler dans le commerce; c'est pourquoi le trimestre prochain

   il --

   ----

9. Je m'intéresse aussi au droit international; c'est pourquoi le trimestre

   prochain, je --

   ----

10. Paul aime bien s'occuper de la maison et faire la cuisine; c'est pourquoi il

    va --

Les verbes lire, écrire *et* dire

A. La Presse. Several French Canadians are talking about what they like or once liked to read in **La Presse**, one of the major French-Canadian newspapers. Using the appropriate form and tense of **lire** or **écrire**, complete their statements.

1. Quand j'étais petit, je ------------------------------ d'abord les bandes

   dessinées *(comics)*, mais maintenant ce sont mes enfants qui les

   ------------------------------.

2. Mon fils Laurent ------------------------------ toujours les résultats des

   différentes compétitions sportives et ma fille Jocelyne commence par

   ------------------------------ les petites annonces parce qu'elle cherche du

   travail.

3. Est-ce que tu ------------------------------ l'article sur la situation

   économique aux Etats-Unis que Jean-Luc Dufour ------------------------------ la

   semaine dernière?

4. Oui. C'est un journaliste bien informé et qui ------------------------------

   très bien. On m'a dit qu'il ------------------------------ une autre série

   d'articles le mois prochain.

5. Eh bien, si c'est Dufour qui va les ------------------------------, je les

------------------------------ avec plaisir.

6. Paul, est-ce que votre femme et vous, vous ------------------------------ le

journal tous les jours?

7. Oui, nous le ------------------------------ tous les jours.

8. Est-ce que vous ------------------------------aux éditeurs pour exprimer votre

opinion?

9. Autrefois, je leur ------------------------------ de temps en temps, mais

maintenant je ne leur ------------------------------ plus.

B. Pauvre Marc! People have always told Marc what to do. Use the words provided to tell what people in different situations say to him.

Modèle: hier au bureau: nous / travailler plus dur
Nous lui avons dit de travailler plus dur.

1. **pendant son adolescence:**

quand il était plus jeune, sa famille / se dépêcher de finir ses études ------

----

mais ses amis / prendre le temps de s'amuser ------------------------------

----

moi, je / ne pas trop se préoccuper de ses problèmes ------------------------

----

2. **maintenant chez lui:**

sa femme / faire la vaisselle tous les soirs ------------------------------

----

ses voisins / réparer sa maison ------------------------------

----

vous / dire ce qu'il pense ------------------------------

----

3. **hier au bureau:**

les autres employés / ne pas quitter le bureau à trois heures -----------------

----

son patron / l'aider à faire un rapport important -------------------------

----

tu / parler à ce client --

----

4. **quand il sera vieux:**

ses enfants / prendre sa retraite --

----

son médecin / se reposer et bien manger ---------------------------------

----

je / beaucoup voyager ---

Les pronoms interrogatifs

A. **Au téléphone.** André Chambart, a student at Laval University, is talking to a friend on the phone. Using André's answers, imagine the questions the friend asks. Your choice of pronoun will depend on the word underlined in each answer.

Modèle: l'ami: *Qu'est-ce que c'est?*
André: C'est le manuel de laboratoire pour mon cours de chimie.

1. l'ami: --?

André: Je m'intéresse à la musique et aux sciences humaines.

2. l'ami: --?

André: A mon avis, Mademoiselle Latour est le meilleur professeur de

l'université.

3. l'ami: --?

André: C'est mon prof de sociologie.

4. l'ami: ---?

   André: Nous parlons <u>de beaucoup de choses importantes</u> dans nos cours.

5. l'ami: ---?

   André: <u>Mon cours d'algèbre</u> est le plus difficile.

6. l'ami: ---?

   André: J'aime étudier <u>avec mes camarades de chambre</u>.

7. l'ami: ---?

   André: Je n'aime pas beaucoup faire <u>des expériences en laboratoire</u>.

8. l'ami: ---?

   André: <u>La pédagogie</u> est un cours qu'on suit si on veut être professeur.

B. **Sondage.** Using the pronouns given, create a ten-item questionnaire that you might use to survey young French people's attitudes toward their education, lives, future plans, etc.

   Exemples: (comment) *Comment passez-vous votre temps libre?*
   (que)   *Que voulez-vous faire dans la vie?*

   1. (qu'est-ce que) ---

   2. (qui--*sujet*) ---

   3. (qu'est-ce qui) ---

   4. (à quoi)   ---

   5. (qui est-ce que) ---

   6. (quand)   ---

   7. (quels)   ---

   8. (qui--*objet*-- ---
      use inversion)

   9. (où)   ---

   10. (que)   ---

Le conditionnel

A. **Projets de week-end.** Elise is talking about what she and her friends have said they would do this weekend. What does she say?

Modèle: Monique va faire le ménage.
Monique a dit qu'elle va faire le ménage.

1. Roger va lire un nouveau roman. --

   ----

2. Je vais rester à la maison. --

   ----

3. Angèle et Monique vont sortir avec des amis. ------------------------------

   ----

4. Tu vas venir me voir, n'est-ce pas? --

   ----

5. Nous allons voir un bon film. --

   ----

6. Ma mère va m'envoyer de l'argent. --

   ----

7. Mes camarades de chambre vont bien s'amuser. ----------------------------

   ----

8. Vous n'allez pas travailler. --

B. **Si j'avais le temps!** What would you do if you were free to pursue additional leisure-time activities? Indicate your preferences by answering these questions.

1. Quelle(s) autre(s) langue(s) apprendriez-vous? -------------------------------

   ----

2. Que feriez-vous le dimanche? Et pendant la semaine? ------------------------

   ----

223

3. Est-ce que vous aimeriez voyager? Si oui, où iriez-vous? --------------------

----

4. Quel(s) livre(s) est-ce que vous liriez? ------------------------------------

----

5. Est-ce que vous écririez plus souvent à vos parents ou à vos amis? ----------

----

6. Est-ce que vous feriez plus souvent de la gymnastique? ---------------------

----

7. Est-ce que vous vous coucheriez tard? --------------------------------------

----

8. Est-ce que vous sortiriez plus souvent que maintenant? ---------------------

----

9. Quelles sont les autres choses que vous aimeriez faire? --------------------

----

L'emploi de si *dans la phrase conditionnelle*

A. **Suggestions.** Monsieur Dubois, the president of a small company in Montreal, wishes his employees did some things differently. Knowing that they respond better to tactful suggestions, he rephrases the following statements. Re-create what he says.

Modèle: Prenez seulement une heure pour le déjeuner. Vous aurez plus de temps pour finir votre travail.
Si vous preniez seulement une heure pour le déjeuner, vous auriez plus de temps pour finir votre travail.

1. Lisez ce rapport avant d'aller à la réunion. Vous y participerez mieux. -----

----

----

2. Suivez des cours d'anglais commercial. Cela vous aidera beaucoup. -----------

----

----

3. Ne donnez pas tant de travail à votre secrétaire. Il finira plus vite. ------

4. Ne quittez pas le bureau sans me dire où vous allez. Je saurai où vous trouver en cas d'urgence. --

5. Faites un effort pour être à l'heure. Vous pourrez mieux répondre aux questions de nos clients. --

6. Ecrivons maintenant à M. Gillet. Il comprendra mieux notre position. ---------

7. Faisons moins de voyages en avion. Nous économiserons de l'argent. ----------

8. Venez parler à ces clients importants. Cela leur fera plaisir. --------------

B. **Point et contrepoint.** People in different interest groups don't always agree on things. Using the example as a guide, re-create statements that these people might make. Remember to use the imperfect in the **si** clause and the conditional in the result clause.

Exemple: **les loisirs** *(leisure activities)*
Un teenager: *Si je me couchais plus tard, j'aurais plus de temps pour m'amuser avec mes amis.*
Sa mère: *Si tu t'amusais moins souvent avec tes amis, tu pourrais te coucher plus tôt.*

1. **les autos**

   Le public: --

   L'industrie automobile: ---

2. **les vêtements**

   Les jeunes: ---

   Leurs parents: ---

3. **les grèves**

   Les employés: --

   Les patrons: ---

4. **l'argent**

   Vous: --

   Votre professeur: --

5. **l'étude du français**

   Vous: --

   Votre professeur: --

6. **la course aux armements**

   Les Américains: --

   Les Russes: --

7. **les prix**

   Les clients: ---

   Les marchands: ---

Intégration et perspectives

A. **Le marché du travail.** Imagine that you are looking for a full-time job in Canada. To which of the advertisements below would you respond? Using the questions as a guide, describe your qualifications for the position you have selected in a letter of application.

Quand avez-vous terminé vos études universitaires? En quoi êtes-vous spécialisé(e)? Quels sont les autres cours que vous avez suivis et qui ont un rapport avec le travail que vous cherchez? Depuis quand étudiez-vous le français? Où avez-vous déjà travaillé? Quelles étaient vos responsabilités? Pourquoi vous intéressez-vous à ce travail en particulier et quels sont les qualités et talents que vous possédez? Quand arriverez-vous à Montréal et quand pourrez-vous commencer à travailler?

EMPLOI OUTREMER

Compagnie internationale de l'industrie du vêtement cherche directeur de production pour nouvelle usine moderne, située dans une île des Antilles. Excellent salaire et avantages sociaux. Discrétion assurée.

Adresser toute réponse à:
La Presse, réf. 3776

S-2762

outremer *(overseas)*

avantages sociaux *(benefits)*

VENDEUR DE MAISON

Demandé pour débuter immédiatement, sur un projet à St-Eustache. Le candidat(e) idéal doit avoir la connaissance complète de la SCHL, être bilingue, avoir 5 années d'expérience sur un projet, être capable de travailler avec un minimum de surveillance. Si vous remplissez ces exigences, appelez sur semaine entre 9 et 17 heures.

J-0237

vendeur de maison *(real estate agent)*; débuter *(begin)*

exigences *(requirements)*

IMMEDIATEMENT

MECANICIENS(ENNES)

1ère, 2e, 3e classe

- Rémunération à taux fixe (flat rate)
- Assurance-groupe
- Avantages sociaux usuels
- Stationnement gratuit pour les employés.

Présentez-vous à M. L. Bessette chez

LE SALON FORD

assurance-groupe *(group insurance)*; stationnement gratuit *(free parking)*

SUPERVISEUR BILINGUE EN RÉÉDUCATION

Coordination des services aux déficients mentaux, enfants et adultes, à Laval. Bénéfices et salaire selon le ministère des Affaires sociales. Diplôme en rééducation institutionnelle ou BA dans un domaine pertinent, plus 2 ans d'expérience.

Communiquez avec M. Stevens

déficients mentaux *(mentally handicapped)*

TRAVAIL FACILE AU TELEPHONE

Aucune experience nécessaire
Entraînement sur place

LIEU DE TRAVAIL: Bélanger et St-Hubert
(près métro Jean-Talon)

Salaire à l'heure plus boni et commission
Travail le jour: 9h à 5h
Travail le soir: 5:30h à 9:30h

entraînement *(training)*; boni *(bonus)*

------------------------------------, le ---------------------------------

(lieu)   (date)

Monsieur ou Madame,

En réponse à l'annonce que vous avez placée dans le journal d'hier, je
voudrais présenter ma candidature pour le poste en question.

Veuillez agréer, Monsieur ou Madame, l'expression de mes sentiments les plus
respectueux.

(votre signature)

B. **Imagination sans frontière.** There is a saying in French, «**Avec des si**, on mettrait
Paris dans une bouteille» («si la bouteille était assez grande; si Paris était plus
petit»). What, in your opinion, are the problems that could be solved, the dreams
that could be realized, or the fantasies that could come true, with the magic word
si?

Exemple: Si tous les gens du monde essayaient de s'entendre, nous pourrions vivre
en paix.

1. --

----

2. --

----

3. ---

----

4. ---

----

5. ---

----

6. ---

PARTIE ORALE

Mise en scène

*15.1   **Portrait des étudiants québécois,** pp. 363-364.

15.2   **Perspectives.** Some students are discussing their feelings about the university. Decide whether each student's comment reflects an attitude that is favorable or not, and underline OUI or NON. You will hear each statement twice.

   Modèle: You hear: Les leçons programmées ne sont pas très utiles, parce que le prof n'est pas là pour nous expliquer les questions que nous ne comprenons pas.
   You underline OUI.

   1. OUI NON   3. OUI NON   5. OUI NON   7. OUI NON

   2. OUI NON   4. OUI NON   6. OUI NON   8. OUI NON

Les verbes lire, écrire *et* dire

*15.3   **Le courrier des lecteurs,** p. 369.

*15.4   **Sujets de composition,** p. 369 A.

*15.5   **Au Québec,** p. 370 B.

*15.6   **On dit ce qu'on pense,** p. 370 C.

15.7 **Conseils.** Many people love to make comments and give advice to everyone they know. Decide if the advice or comment in each of the statements you hear is **bon** or **mauvais**, and circle the appropriate words in your lab manual. You will hear each statement twice.

Modèle: You hear: Serge ne m'a pas dit qu'il a eu un accident avec ma voiture.
You underline <u>mauvais</u>.

1. bon   mauvais   5.   bon   mauvais

2. bon   mauvais   6.   bon   mauvais

3. bon   mauvais   7.   bon   mauvais

4. bon   mauvais   8.   bon   mauvais

Les pronoms interrogatifs

*15.8   **Comment ça finit?**, pp. 372-373.

*15.9   **Un vrai fiasco**, p. 373 A.

*15.10 **Des Américains au Québec**, p. 374 C.

15.11 **Interview.** Martine, a reporter for a campus newspaper, is looking over her interviews with students. The students' answers to her questions are shown in your lab manual. Decide whether or not these answers are appropriate for the questions you hear, and underline OUI or NON. You will hear each question twice.

Modèle: You hear: Qu'est-ce que c'est?
You see: Oui, je viens de présenter un exposé dans mon cours de sciences politiques.
You underline NON.

1. OUI   NON C'est l'argent qu'on vous donne pour payer vos études.

2. OUI   NON Il parlait des problèmes qu'il a dans ses cours.

3. OUI   NON J'ai vu des amis.

4. OUI   NON Ils s'intéressent à leur avenir.

5. OUI   NON C'est notre professeur de sciences économiques.

6. OUI   NON C'est moi.

7. OUI   NON Nous pensons à notre prochain examen.

8. OUI   NON Je ne sais pas qui c'est.

Le conditionnel

*15.12 Projets de voyage, p. 376.

*15.13 Chacun a des responsabilités, p. 376 A.

*15.14 Je me suis trompée, p. 377 B.

15.15 Le temps des verbes. Now that you've learned several tenses, it's important that you be able to recognize and distinguish them. Listen as Monsieur Gauthier, a science professor, speaks to his students, and decide whether or not you hear him use the imperfect, the future, or the conditional. Mark with a check the appropriate column in your lab manual. You will hear each item twice.

> **Modèle:** You hear: Je préparais un examen qaund vous êtes entré dans mon bureau.
> You mark the "imperfect" column.

	imperfect	future	conditional
1.	--------------	--------------	--------------
2.	--------------	--------------	--------------
3.	--------------	--------------	--------------
4.	--------------	--------------	--------------
5.	--------------	--------------	--------------
6.	--------------	--------------	--------------
7.	--------------	--------------	--------------
8.	--------------	--------------	--------------

L'emploi de si *dans la phrase conditionnelle*

*15.16 Si on achetait une maison..., p. 379.

*15.17 Interview, p. 379 A.

*15.18 Si c'était possible..., p. 380 B.

15.19   Vacances sur la Côte d'Azur.   Some people are planning to take a vacation together on the Riviera.   In the space provided, jot down what each person says in English.   You will hear each statement twice.

Modèle: You hear: Si tu acceptais de faire du camping, nous n'aurions pas besoin d'aller à l'hôtel.

You jot down: *if you agreed to go camping, wouldn't need to go to hotel*

1. --

2. --

3. --

4. --

5. --

6. --

Intégration et perspectives

15.20   Différences d'opinion.   Claude Fortin and his father are discussing what courses he should take at the university.   Listen to their conversation, then answer the questions in your lab manual in English.   You will hear the conversation twice.

1. What subject is Claude interested in? ----------------------------------

2. Why isn't his father happy about his choice? --------------------------

----

3. Why is Claude attending the university? -------------------------------

----

4. What courses does Claude's father suggest he take? ---------------------

----

5. Does Claude decide to take his father's advice?   Why or why not? -------

----

15.21 Rêves. André is thinking about what his life would be like if he won the lottery. During the pauses provided, write what he says. You will hear each line twice, then the entire passage will be read once again so that you can check your work.

1. ---

2. ---

3. ---

----

4. ---

15.22 Et vous? A Canadian university student wants to find out how your university experiences compare to hers. Stop the tape after each question and write an appropriate answer in French. You will hear each question twice. Now begin.

1. ---

2. ---

3. ---

4. ---

5. ---

6. ---

16

CHAPITRE SEIZE
Sports et loisirs

PARTIE ECRITE

Mise en scène

A. **Le coin des sportifs.** Several people are talking about sports. Using the words and phrases provided, re-create their statements or questions. Be sure to use the proper verb with each sport, and that each verb is in the appropriate tense.

Modèle: André / ne jamais / sport
André ne fait jamais de sport.

1. Thérèse / toujours / course à pied / avant le déjeuner ------------------------

   ----

2. hier, je / nager / pendant deux heures ---------------------------------

   ----

3. depuis combien de temps / vous / tennis? ------------------------------

   ----

4. Anne / ne plus / ski / parce que / elle / se casser la jambe -----------------

   ----

5. la semaine dernière, mes frères / chasse ------------------------------

   ----

6. s'il fait beau, nous / golf / demain -----------------------------------

   ----

7. quand / nous / être / jeunes / nous / souvent / basket-ball -----------------

8. préférer / vous / base-ball / ou / athlétisme? ----------------------------------

----

9. et toi / tu / souvent / cheval? --

----

10. autrefois / on / moins de sport / maintenant ----------------------------------

----

B. Sports et loisirs. Indicate what sports you, your friends, or Americans in general might enjoy in the following situations. Complete each sentence, mentioning at least two sports.

Exemple: Quand mes parents vont au bord de la mer, ils
nagent ou ils vont à la pêche.

1. En automne, les Américains aiment --

----

2. Quand nous sommes à la campagne, nous --

----

3. Pour les gens qui aiment les sports violents, il y a --------------------------

----

4. Quand on va à la montagne, on --

----

5. Pour être en bonne condition physique, beaucoup de gens --------------------

----

6. Au lieu de prendre leur voiture pour aller faire une promenade, de plus en

plus d'Américains --

----

7. Quand j'ai besoin de me détendre, je --

----

8. Quand je serai vieux/vieille, je ---

----

9. Les gens qui n'aiment pas les sports d'équipe peuvent ------------------------

----

10. Aux Etats-Unis, on ne joue pas souvent --------------------------------------

----

Le participe présent et l'infinitif

A. **Intérêts sportifs.** Several people are talking about sports. Using the verbs below and the appropriate form of the present participle, the infinitive, or the past infinitive, complete their statements. Verbs may be used more than once.

verbes à utiliser: **faire, lire, se détendre, aller, se réveiller, voir, être, se coucher, parler, gagner, manger**

1. Après --------------------------------- un marathon, j'ai décidé de faire de la

course à pied.

2. Quand je veux être dehors, je me détends en ------------------------------- de la

bicyclette.

3. Paul et Robert se sont retrouvés au café pour célébrer après

------------------------------- leur match de tennis.

4. Beaucoup de gens font un peu de gymnastique chaque soir avant

-------------------------------, et il y en a d'autres qui en font chaque matin

après -------------------------------.

5. Ma femme et moi, nous aimons faire de la marche à pied en

------------------------------- des choses qui sont arrivées pendant la

journée.

6. Mes parents font de la natation pour ------------------------------- en forme et

pour -------------------------------.

7. Annette adore le base-ball; elle ne peut pas sortir le matin sans

------------------------------- les résultats des différents matchs dans le journal.

8. Moi, je voudrais avoir plus de temps pour ----------------------------- du ski

nautique.

9. A mon avis, c'est en ---------------------------- beaucoup de légumes et peu

de matières grasses *(fats)* qu'on a la meilleure possibilité de vivre

longtemps.

10. Mon père travaille dur pendant la semaine; pendant le week-end il se repose

en ---------------------------- à la pêche.

B. Vous êtes interprète. Some American bicycle racers are going to France to compete in the **Tour de France.** Give the French equivalents of the following English sentences so that some newspaper reporters can write an article about them.

1. They will come to Paris after leaving New York. ---------------------------

----

2. Before arriving in Paris, they will stop in London. -------------------------

----

3. It is not by reading the newspaper that the spectators will have a good idea

of their talent. --

----

4. It is only after having seen them that one can really appreciate them. -------

----

5. They will probably be very tired upon arriving in Paris. ---------------------

----

6. After resting a little, they will talk to the reporters. ---------------------

----

7. After participating in the **Tour de France**, they want to spend two weeks in

Paris. ---

----

8. They won't leave Paris without meeting many French people. ------------------

----

La négation

A. **Le choc du futur!** Pierre Vieujeu fears the rapid sociological changes that are occurring. Re-create his complaints, using both parts of the negative in each sentence.

Modèle: on / plus / faire attention / valeurs / traditonnel
        On ne fait plus attention aux valeurs traditionnelles.

1. rien / simple / de nos jours --

2. pour beaucoup / jeunes / mariage / avoir / aucun / importance ---------------

   ----

3. ni / religion / ni / famille / avoir / assez / importance / dans / vie / moderne

   ----

4. jeunes / plus / respecter / parents ---------------------------------------

   ----

5. personne / vouloir / avoir / enfants --------------------------------------

   ----

6. jeunes / rien / vouloir / faire ---

   ----

7. gens / s'intéresser / que / argent --

   ----

8. on / jamais / se préoccuper / avenir ---------------------------------------

   ----

B. **Différences d'opinion.** Jean-Paul, who has an optimistic outlook, is talking with his more pessimistic friend Roger. Re-create Roger's statements, using the appropriate negative expression.

Modèle: Tout est simple dans la vie.
        Rien n'est simple dans la vie.

1. Tout le monde est content de nos jours. ------------------------------------

----

2. On peut toujours changer sa façon de voir les choses. ------------------------

----

3. On peut encore espérer que les choses vont s'arranger. ------------------------

----

4. Je comprends les causes et les conséquences de la situation actuelle

   (current). --

----

5. On peut tout contrôler. --

----

6. Tout marche bien dans notre pays. --

----

7. L'humanité a toujours eu le courage de faire face à sa condition. ------------

----

8. Tout le monde m'a aidé quand j'avais des problèmes. ------------------------

----

9. Notre société a toujours respecté tout le monde. ----------------------------

----

10. Je pense que j'ai toujours tout compris. ------------------------------------

----

L'emploi des prépositions après les verbes

A. **Les passionnés du football.** François is talking about how much he and other people like soccer. Fill in the blanks in his statements with any necessary prepositions. Some verbs may not require any prepositions.

Les habitants de cette ville s'intéressent vraiment -------------- sports et

surtout -------------- football. Ils veulent -------------- aller à tous les matchs et acceptent -------------- suivre leur équipe partout où elle va.

Cette année, mon ami et moi, nous avons décidé -------------- acheter des

billets et nous tenons -------------- assister -------------- matchs que notre équipe

joue dans cette ville. Nous avons essayé -------------- avoir de bonnes places et

c'est très difficile. Malgré tout, nous avons réussi -------------- obtenir deux

places au troisième rang *(row)*, ce qui nous permet -------------- bien voir les

joueurs.

Après le match, mon ami m'a promis -------------- venir avec moi dans un

restaurant où il y a toujours de bonnes choses -------------- manger, mais il a

refusé -------------- me suivre dans les bars et les cafés de la ville où les habitués

(regulars) aiment célébrer bruyamment la victoire de leur équipe. Je n'ai pas pu

-------------- réussir -------------- le convaincre.

B. **Que pensez-vous des athlètes?** What do you think about certain athletes and the sports they participate in? Complete the sentences below to express your opinions. Vary the vocabulary you use as much as possible.

Exemple: La plupart des athlètes rêvent *d'être riches et d'être admirés par les spectateurs.*

1. Je respecte les athlètes qui refusent --

   ----

2. Les athlètes que je préfère réussissent ------------------------------------

   ----

3. On dirait que beaucoup d'équipes ne veulent pas ----------------------------

   ----

4. Je préfère regarder les matchs où les joueurs essaient ----------------------

   ----

5. Beaucoup d'athlètes ont besoin d'apprendre --------------------------------

   ----

6. Je suis fatigué(e) des athlètes qui choisissent ----------------------------

---.

7. Pour mieux comprendre la gymnastique, on peut ----------------------------.

----

8. Beaucoup de gens seraient contents si certain athlètes s'arrêtaient ----------

----

9. La natation est un sport qui peut nous aider ---------------------------------

----

10. Je ne comprends pas pourquoi il y a des athlètes qui continuent -------------

----

Les pronoms relatifs

A. La future championne. Martine is an up-and-coming tennis player. Fill in the blanks in her statements with the appropriate relative pronouns.

Je suis une joueuse -------------- adore les compétitions sportives et

-------------- espère participer un jour aux grands tournois internationaux

-------------- vous voyez à la télévision.

-------------- m'intéresse dans ce sport, c'est le respect -------------- existe

entre les joueurs -------------- les noms sont très connus. -------------- je

déteste, c'est d'avoir à me lever tous les matins à six heures pour l'entraînement

-------------- je dois suivre. Je ne sais pas encore contre -------------- je vais

jouer dans mon prochain match, mais -------------- je suis certaine, c'est que mon

équipe compte sur moi et que je ne peux décevoir *(disappoint)* personne.

B. Editrice. As the sports editor for a newspaper, Renée Lepoint often rephrases in a more sophisticated way by combining shorter sentences into longer ones. How might she rephrase the following pairs of sentences? Be sure to use the appropriate relative pronoun in each.

Modèle: Cet athlète a un style très dynamique. Il est célèbre depuis longtemps.
Cet athlète, qui est célèbre depuis longtemps, a un style très dynamique.

1. Un match de football a eu lieu hier soir. Tous les spectateurs étaient contents du match. --

----

2. Nous venons de voir un jeune joueur de tennis italien. Il commence à attirer l'attention du public. ---

----

3. Pélé était un grand joueur de football. Son talent impressionnait les spectateurs. --

----

4. C'est l'histoire d'un athlète. Tout le monde respecte cet athlète depuis longtemps. ---

----

5. Voici le plan d'un nouveau stade. L'équipe aura vraiment besoin de ce stade si elle veut continuer à attirer les spectateurs. ----------------------------

----

6. C'est un excellent coureur cycliste. Notre entraîneur a connu ce cycliste au lycée. --

C. **Votre point de vue.** A French friend has asked you to describe your views about sports. Present your opinions by using the cues provided and the appropriate relative pronouns. Discuss sports in general or, if you prefer, one particular sport.

Exemple: (an athlete who has influenced his or her sport very much)
A mon avis, Julius Irving est un joueur de basket-ball qui a beaucoup influencé son sport.

1. (the athlete who is the most interested in helping young people) -------------

----

2. (a team whose games are always exciting) -----------------------------------

----

3. (what is important for athletes who want to succeed) -----------------------

----

4. (what too many athletes are preoccupied with) -------------------------------

----

5. (an athlete that most people don't understand) -------------------------------

----

6. (the team that has the least talent) ---

Intégration et perspectives

A. **Activités sportives.** The following sports and leisure-time activities are offered in a French university. Indicate which courses you would like to take by answering the questions.

vocabulaire utile: **atelier** = *workshop*; **maîtrise** = *control*; **plein air** = *outdoor*; **palmes** = *flippers*; **plongée sous-marine** = *scuba diving*; **musculation-haltérophilie** = *weightlifting*; **agrès** = *gymnastics*; **escrime** = *fencing*; **tir à l'arc** = *archery*

ACTIVITES PHYSIQUES, SPORTIVES ET DE LOISIRS	
ARTS MARTIAUX, SPORTS DE COMBAT	Boxe anglaise Boxe française Judo Karaté
DISCIPLINES AQUATIQUES	Ballets nautiques Nage avec palmes Natation Plongé sous-marine
DANSE, MIME, ATELIERS CHORÉGRAPHIQUES	Danse classique Danse contemporaine Danse folklorique Danse primitive Danse rythmique Jazz Mime
EDUCATION PHYSIQUE, CONNAISSANCE ET MAÎTRISE DU CORPS	Education physique généralisée Musculation - haltérophilie Préparation au ski Relaxation Yoga Agrès - trampoline
PLEIN AIR	Athlétisme Golf Voile
SPORTS EN SALLE, JEUX	Badminton Escrime Ping-Pong Sports collectifs Tennis Tir à l'arc

1. Quels sont les cours que vous aimeriez suivre et pourquoi? -------------------

----

----

2. Quels cours intéresseraient vos amis et pourquoi? ----------------------------

----

----

3. Quels sont les cours qui ne vous intéresseraient pas du tout? Pourquoi? -----

----

----

4. Est-ce qu'il y a un ou plusieurs cours qui vous aideraient à améliorer

   (improve) votre performance dans un sport que vous pratiquez déjà? Si oui,

   quel(s) cours? Si non, pourquoi pas? --

----

5. Quel(s) cours suivriez-vous pour vous détendre et pour rester en forme? ------

----

B. Les Américains et le sport. A French friend has asked you to explain how Americans feel about sports. Use the questions below as a guide. Remember that you're trying to give a general picture of Americans' taste in sports, not those of a particular group.

Quels sont les sports préférés de la plupart des Américains? Pourquoi s'intéresse-t-on autant à ces sports? Quelle importance les sports ont-ils dans les universités américaines? A quels sports les enfants participent-ils le plus? Qui sont les athlètes les plus admirés et les moins admirés? Pourquoi? Quels sports les Américains regardent-ils à la télé, et quels sports préfèrent-ils pratiquer eux-mêmes? A quel(s) sport(s) les Américains ne s'intéressent-ils pas du tout? Quels sports pratique-t-on en famille?

PARTIE ORALE

Mise en scène

*16.1   **Les plaisirs de la marche à pied,** pp. 387-388.

16.2   **Projets de vacances.**   Elise and Gilbert Clébert are discussing where they might take their vacation.   Based on the information below, decide if the statements Elise and Gilles make are VRAI or FAUX, and underline the appropriate words.   You will hear each item twice.

   Modèle: You hear: J'ai envie d'aller à Cros-de-Cagnes parce qu'on peut y faire du ski nautique.
   You underline FAUX.

245

	Sports de plein air							
LA COTE	Piscine	Plongée sous-marine	Ski nautique	Voile	Tennis	Équitation	Sentiers de promenade	Golf et nombre de trous
Agay	–	–	✦	⏚	✕	–	–	–
Aiguebelle	✦	–	–	–	–	–	–	–
Anthéor	–	–	–	–	–	–	–	–
Antibes	✦	✦	✦	⏚	✕	–	–	–
Ayguade-Ceinturon	–	–	✦	–	–	–	–	–
Bandol	–	✦	–	⏚	–	–	–	–
Beaulieu-sur-Mer	–	✦	✦	⏚	✕	–	☎	–
Beausoleil	–	–	–	–	✕	–	–	18
Beauvallon	–	–	–	–	✕	●	–	9
Bendor (Ile de)	–	–	✦	⏚	–	–	–	–
Boulouris	–	–	✦	⏚	✕	–	–	–
Cannes	✦	✦	✦	⏚	–	●	–	–
Cap d'Ail	–	–	✦	–	–	–	–	–
Cap d'Antibes	–	–	–	–	✕	–	–	–
Carqueiranne	–	✦	–	–	–	–	–	–
Cassis	–	✦	✦	⏚	✕	●	☎	–
Cavalaire-sur-Mer	–	–	✦	⏚	✕	●	☎	–
Cavalière	–	–	✦	⏚	✕	–	–	–
Ciotat (La)	–	–	✦	⏚	✕	●	–	–
Croix-Valmer (La)	–	✦	–	⏚	✕	–	–	–
Cros-de-Cagnes	–	✦	✦	⏚	–	–	–	–
Èze-Bord-de-Mer	–	–	–	–	✕	–	–	–
Fréjus-Plage	–	✦	✦	–	–	–	☎	–
Garonne (La)	–	–	–	–	–	–	☎	–

1. VRAI FAUX   5. VRAI FAUX

2. VRAI FAUX   6. VRAI FAUX

3. VRAI FAUX   7. VRAI FAUX

4. VRAI FAUX   8. VRAI FAUX

Le participe présent et l'infinitif

*16.3 **Vacances de ski,** p. 393.

*16.4 **Différences,** p. 394 D. Laurent likes to listen to music while doing something else. Colette prefers to finish her work in order to be able to concentrate better. As for Nadine and Paul, they're too impatient to wait. When do Laurent, Colette, Nadine, and Paul listen to music?

Modèles: You hear: faire mes devoirs
You say: *Laurent écoute de la musique en faisant ses devoirs.*
Colette écoute de la musique après avoir fait ses devoirs.
Nadine et Paul écoutent de la musique avant de faire leurs devoirs.

16.5 **Quand?** People are talking about when they do certain things. Decide whether or not each person's idea is likely, and underline OUI or NON below. You will hear each statement twice.

Modèle: You hear: Je me brosse les dents après m'être couché(e).
You underline NON.

1. OUI NON		5. OUI NON		9. OUI NON	
2. OUI NON		6. OUI NON		10. OUI NON	
3. OUI NON		7. OUI NON			
4. OUI NON		8. OUI NON			

La négation

*16.6 **Un cambriolage**, pp. 397-398.

*16.7 **Que la vie est cruelle!**, p. 398 A.

*16.8 **Mais non, ne t'inquiète pas**, p. 398 B.

*16.9 **Ni l'un ni l'autre**, p. 399 C.

16.10 **Evènements.** Henri, who is very interested in health and sports, is talking about what has been going on recently. Decide whether or not he is happy with things, and underline OUI or NON. You will hear each statement twice.

Modèle: You hear: Je n'ai rien mangé de bon au restaurant universitaire.
You underline NON.

1. OUI NON		5. OUI NON
2. OUI NON		6. OUI NON
3. OUI NON		7. OUI NON
4. OUI NON		8. OUI NON

L'emploi des prépositions après les verbes

*16.11 **Le Tour de France**, p. 402.

*16.12 **Il faut faire de la gymnastique**, p. 403 A.

*16.13 **C'est dommage, mais...**, p. 403 C.

16.14 Conseils. A family counselor is talking to people about various ways to handle family problems. Jot down in English the advice the counselor gives. You will hear each comment twice.

Modèle: You hear: Invitez vos enfants à participer aux décisions familiales.
You jot down: *invite kids to participate in family decisions*

1. --

2. --
----

3. --

4. --

5. --
----

6. --

Les pronoms relatifs

*16.15 C'est sérieux?, p. 406.

*16.16 Un amoureux bien malheureux, p. 406 A.

*16.17 Snobisme, p. 407 D.

*16.18 On va faire une randonnée, p. 408 E.

16.19 Qu'est-ce qui est arrivé? Adèle got hurt and was taken to the hospital emergency room. Jot down in English what Adèle says. You will hear each question or statement twice.

Modèle: You hear: Je ne sais pas ce qui m'est arrivé.
You jot down: *doesn't know what happened to her*

1. --
----

2. --

3. --
----

4. --

----

5. --

6. --

Intégration et perspectives

16.20 **La page sportive.** Gisèle is reading the sports page aloud. Listen to what she says and then answer the questions below in English.

1. What was the score in the soccer game between the French and the British

teams? --

----

2. What team will the French meet next? ------------------------------------

3. What did the French cycling team do to get ready for the **Tour de France**?

----

4. What announcement did the boxer Philippe Barbe make? -----------------

----

5. Why can't he defend his title against the Dutch boxer? -----------------

----

6. Who will the French rugby team compete against? ----------------------

----

7. What is the team's attitude toward the upcoming match? ----------------

----

16.21 **Une mauvaise expérience.** Jean-Claude is talking about what happened to him during last Saturday's game. Write what he says during the pauses provided. You will hear each line twice, then the entire passage will be read once again so that you can check your work.

1. --

2. ---

----

3. ---

4. ---

16.22 **Et vous?** A French friend is asking you about your interest in sports. Stop the tape after each question and write an appropriate answer in French. You will hear each question twice.

1. ---

2. ---

3. ---

4. ---

5. ---

17
CHAPITRE DIX-SEPT
L'humour et les arts

PARTIE ECRITE

Mise en scène

A. Opinions. Answer the questions to express your opinions about the arts.

1. Préférez-vous posséder des peintures originales par des artistes ou des

   reproductions de tableaux de peintres célèbres? ------------------------------

   ----

2. A votre avis, est-ce que notre société accorde autant d'importance à l'art

   qu'au sport? ---

   ----

3. Est-ce que vous avez des talents artistiques ou musicaux que vous aimeriez

   cultiver? ---

   ----

4. Quels cours d'art avez-vous suivis jusqu'à présent? Y en a-t-il d'autres que

   vous aimeriez suivre? ---

   ----

5. Etes-vous jamais allé(e) voir un ballet? Si oui, qu'est-ce que vous en

   pensez? Si non, avez-vous envie d'en voir un? ------------------------------

   ----

6. Quelle sorte de de musique préférez-vous? Quels chanteurs ou groupes aimez-vous? Avez-vous un compositeur préféré? ----------------------------------

----

B. Musiciens et musiciennes. List male and female musicians that you know and tell what instruments they play. Use a variety of instruments.

Exemple: *Itzhak Perlman joue du violon.*

C. Préférences. What are the musical and artistic preferences of people you know? For each type of music or art form below, tell what various people think of it.

Exemples: la musique folklorique: *Mon oncle et ma tante n'écoutent que de la musique folklorique. Ils la trouvent très intéressante. Moi, je n'achète jamais de disques de musique folklorique.*

1. la musique classique ---

----

2. l'opéra ---

----

3. le théâtre --

----

4. le jazz ---

----

5. la peinture impressionniste ---------------------------------------

----

6. la musique populaire --

----

7. le ballet ---

----

8. la sculpture contemporaine --

Le subjonctif avec les expressions impersonnelles

A. Préoccupations artistiques. Claire is concerned with the lack of interest in the arts in her community. Re-create the opinions she has expressed.

Modèle: il ne faut pas / vous / oublier / arts / être / importants
              Il ne faut pas que vous oubliiez que les arts sont importants.

1. il semble / beaucoup de gens / ne pas savoir / apprécier / art ----------------

----

2. il est dommage / la majorité des gens / ne / savoir / ni / peindre / sculpter

----

----

3. il serait bon / talents artistiques de nos enfants / être / encouragés -------

----

4. il faut / nous / donner la possibilité / tout le monde / suivre / cours de

    musique ---

----

5. il est rare / enfants / aller / musée / mais / il faudrait / nous / changer /

    ça --

----

6. il faut / vous / prendre / ce problème au sérieux --------------------------

----

7. il est dommage / je / ne pas pouvoir / vous / persuader --------------------

----

8. il est temps / tout le monde / faire / quelque chose / résoudre ce problème

----

B. Suggestions. Musical tastes of older and younger people often vary. What advive could one give to parents or people of the "older" generation who claim they do not understand what rock is all about. Using an appropriate impersonal expression (e.g., **il faut, il est préférable,** etc.), indicate your reactions.

Exemples: avoir les mêmes goûts que les jeunes
Il n'est pas nécessaire que vous ayez les mêmes goûts que les jeunes.
poser ces questions à des jeunes
Oui, il serait bon que vous posiez ces questions à des jeunes.

1. assister à quelques concerts --

----

2. regarder des interviews à la télévision ---------------------------------------

----

3. faire un effort pour comprendre --

----

4. apprendre à jouer d'un instrument de musique -----------------------------

----

5. écouter des stations de radio où on joue du rock ------------------------

----

6. attendre un peu avant de prendre une décision --------------------------

----

7. avoir de la patience quand vos enfants écoutent leurs disques -------------

----

8. savoir le nom de quelques groupes --

Le subjonctif avec les verbes de volition, d'émotion et de doute

A. Opinions et réactions. Several people are commenting on positive and negative aspects of the cultural activities available in their city. Using the cues in parentheses and an appropriate form of the indicative or subjunctive, re-create their comments.

Modèle: Nous nous intéressons assez à la musique. (je ne crois pas)
Je ne crois pas que nous nous intéressions assez à la musique.

1. Il y a beaucoup de choix dans les activités culturelles. (croyez-vous vraiment)

   ----

2. On peut voir beaucoup de film étrangers. (je ne pense pas) ------------------

   ----

3. Les concerts sont excellents. (ma femme ne pense pas) ----------------------

   ----

4. La plupart des habitants de notre ville s'intéressent à l'art. (je suis sûr)

   ----

5. L'administration locale veut construire de nouveaux théâtres. (je doute) ----

   ----

6. Tout le monde comprend que les arts sont très importants. (j'espère) --------

   ----

7. Notre fils suit des cours de musique et de danse à l'université. (nous sommes

   contents) --

   ----

8. Mes enfants vont souvent au ballet. (je suis surpris) ----------------------

   ----

9. On verra de plus en plus de festivals et d'expositions dans notre ville. (je

suis certain) --

----

10. Beaucoup de gens assisteront à ce concert. (je ne pense pas) ----------------

----

B. Et vous, qu'est-ce que vous en pensez? Many people have different ideas about the place that the arts should have in their lives. Indicate whether or not you agree with the statements below and why. Begin each statement with an appropriate expression such as **je pense, je suis sûr(e), je regrette, je doute, je ne crois pas,** and use the subjunctive if and when appropriate.

Exemples: On accorde trop d'importance aux sports et pas assez aux arts et à la musique.
Je ne suis pas entièrement d'accord. Je ne crois pas qu'on accorde trop d'importance aux sports mais je crois qu'on n'accorde pas assez d'importance aux arts.

1. L'étude de l'art a autant d'importance que l'étude des maths et des sciences.

----

2. On doit apprendre à jouer d'un instrument. ---------------------------------

----

----

3. Une bonne formation *(education)* artistique est essentielle pour apprécier les

arts et la musique. ---

----

4. On peut être cultivé sans avoir étudié l'art et la musique. ------------------

----

----

5. La plupart des gens savent lire la musique. --------------------------------

----

----

6. Tout le monde veut posséder des peintures originales. -----------------------

----

Les pronoms démonstratifs

A. Snobisme. Janine, who has simple, practical tastes, is talking with her friend Marie-Chantal, who has expensive tastes. Use the cues to re-create Marie-Chantal's statements, replacing the underlined word(s) in each sentence with the appropriate demonstrative pronoun.

Modèle: J'aime les tableaux qu'on achète dans la rue. (dans une galerie d'art)
J'aime mieux ceux qu'on achète dans une galerie d'art.

1. J'aime les objets qui sont simples et utiles. (élégants et artistiques) -----

----

2. La voiture que je viens d'acheter est très petite. (luxueuse) ----------------

----

3. Je préfère les restaurants simples et bon marché. (où on sert des

spécialités) --

----

4. Les peintures que je préfère sont assez bon marché. (coûtent très cher) -----

----

5. L'appartement où j'habite est situé dans le Quartier Latin. (dans le 16e) ---

----

6. La nouvelle robe de ma soeur vient des Galeries Lafayette. (chez Dior) ------

----

7. Les amis de mon frère sont assez sympathiques. (très cultivés) --------------

----

8. C'est ma mère qui a fait les dessins que j'ai dans ma chambre. (c'est un

artiste bien connu) --

B. **Le présent ou le passé.** Are you more attracted by things of the present or things of the past? Indicate your preferences by using the appropriate form of the demonstrative pronoun in each response.

Exemple: la musique de notre époque / la musique de l'époque classique
Je préfère celle de l'époque classique.

1. la peinture d'aujourd'hui / la peinture de l'époque impressionniste ----------

    ----

2. les vêtements qu'on porte aujourd'hui / les vêtements qu'on portait à la cour

    de Louis XIV --

    ----

3. le théâtre de notre époque / le théâtre de Shakespeare -----------------------

    ----

4. le style de vie d'aujourd'hui / le style de vie des pionniers ----------------

    ----

5. les films qui sont en couleur / les films qui sont en noir et blanc ----------

    ----

6. la musique d'aujourd'hui / la musique que mes parents écoutaient ------------

    ----

7. les amis que vous avez maintenant / les amis que vous aviez quand vous étiez

    enfant ---

    ----

8. les programmes qu'on montre maintenant à la télévision / les programmes qu'on

    montrait quand vous étiez petit(e) ---

    ----

9. les chansons d'aujourd'hui / les chansons qui étaient populaires il y a cinq ans

    ----

10. les danses qu'on danse aujourd'hui / les danses qu'on dansait autrefois ------

----

Les pronoms possessifs

Déménagement. As they clean and pack before they move, Jacques and Gisèle Fontaine try to figure out who owns various items they find. Using the cues and the appropriate possessive pronouns, re-create the answers to the questions they ask each other.

Modèle: Ce sont les jouets des enfants? (oui)
Oui, ce sont les jouets des enfants.

1. Jacques, cet appareil-photo est-il à ton frère? (non) ------------------------

----

2. Ce sont les disques de jazz de notre voisine, n'est-ce pas? (oui) ------------

----

3. Ces affiches sont-elles à nous, Gisèle? (oui) -------------------------------

----

4. Ce livre sur l'impressionnisme est à toi, n'est-ce pas? (non) ----------------

----

5. Ces photos sont-elles à moi? (oui) --

----

6. Cette vidéocassette est-elle à tes parents? (non) ---------------------------

----

7. Gisèle, cette radio qui ne marche plus, est-elle à ta soeur? (oui) ----------

----

8. Et ces stylos, sont-ils aussi à elle? (non) ---------------------------------

----

Intégration et perspectives

A. **Un séjour à Montréal.** Various year-round cultural activities are available for people visiting Montreal. Read the information given and decide which activities would interest you and which you would find less interesting, and why. Indicate your reactions in the space provided.

A longueur d'année

AQUARIUM DE MONTRÉAL: La Ronde, Ile Ste-Hélène. 872-3455. Pavillon Alcan, tous les jours de 10h à 17h. Cirque Marin: Lun.-ven. à 11h, 13h30, 14h30 et 15h30; sam. à 13h30, 14h30, 15h30, 16h30; dim. à 12h, 13h30, 14h30, 15h30 et 16h30. Frais d'entrée.

CENTRALE D'ARTISANAT DU QUÉBEC: 1450 St-Denis. 849-9415. Lun.-mer. de 9h30 à 17h30; jeu.-ven. de 9h à 21h; sam. de 9h à 17h. (Fermé dim.). Entrée gratuite.

CHATEAU RAMEZAY: (Musée historique. Reconstitution d'un Manoir du 18e siècle). 280 est, Notre-Dame. 861-7182. Mar.-dim. de 11h à 16h30. (Fermé lun.). Frais d'entrée.

ÉGLISE NOTRE-DAME: Place d'Armes. 849-1070. Tous les jours de 6h à 18h. MUSÉE: Lun.-sam. de 9h à 16h; dim. de 13h à 16h. Frais d'entrée.

GALERIE OBSERVATOIRE: Banque de Commerce, 1155 ouest, Dorchester, 45e étage. 876-2156. Tous les jours de 10h à 22h. Ouvert début avril jusqu'à l'automne. Frais d'entrée.

GUILDE CANADIENNE DES MÉTIERS D'ART: 2025 Peel. 849-6091. Lun.-ven. de 9h à 17h30; sam. de 10h à 17h. (Fermé dim.). Entrée gratuite.

JARDIN BOTANIQUE: 4101 est, Sherbrooke. 872-3455. Tous les jours de 9h à 18h. Entrée gratuite.

JARDIN DES MERVEILLES: Jardin zoologique miniature, dans le parc La Fontaine. Ouvert de mai à septembre, tous les jours de 10h au crépuscule. Frais d'entrée.

MAISON DE RADIO-CANADA: 1400 est, Dorchester. Lun.-ven. de 10h à 20h; sam.-dim. de 10h à 17h. Réservation: Pour visites de groupes guidées 285-2692; pour enregistrement d'une émission 285-2690. Entrée gratuite.

MAISON DU CALVET: Meubles anciens du Québec, 401 Bonsecours. 845-4596. Mar.-sam. de 10h à 16h45; dim. de midi à 16h45. (Fermé lun.). Entrée gratuite.

MUSÉE ARTHUR-PASCAL: Collection d'outils anciens de charpentier, 301 ouest, St-Antoine. 866-5692. Lun.-sam. de 10h à 17h. (Fermé dim.). Entrée gratuite.

MUSÉE D'ART BYZANTIN: Centre Bois-de-Boulogne, 10025 de l'Acadie. 332-5021. Lun.-ven. de 10h30 à 12h et 13h30 à 16h. Entrée gratuite.

MUSÉE D'ART CONTEMPORAIN: Cité du Havre. 873-2878. Mar., mer., ven., sam. et dim. de 10h à 16h; jeudi de 10h à 22h. (Fermé lun.). Visites guidées pour groupes. Entrée gratuite.

MUSÉES DES BEAUX ARTS: 3400 ave du Musée. 285-1600. Mar.-dim. de 11h à 17h. (Fermé lun.). Frais d'entrée.

MUSÉE HISTORIQUE CANADIEN: (Musée de cire) 3715 Chemin de la Reine-Marie. 738-5959. Tous les jours de 9h à 17h. Été, de juin à sept. de 9h à 20h30. Frais d'entrée.

MUSÉE LACHINE: (Musée historique) 100 Chemin LaSalle, Lachine. 634-9652. Mar.-dim. de 14h à 17h. (Fermé lun.). Entrée gratuite.

MUSÉE McCORD: 690 ouest, Sherbrooke. 392-4778. Mer.-dim. de 11h à 18h. Entrée gratuite.

MUSÉE DE L'ILE STE-HÉLÈNE: Vieux Fort, Ile Ste-Hélène. 861-6738. Ouvert tous les jours de 10h à 17h. Frais d'entrée.

MUSÉE FERROVIAIRE CANADIEN: St-Constant. (514) 632-2410. Été tous les jours de 10h à 17h. Frais d'entrée.

ORATOIRE ST-JOSEPH: 3800 Chemin de la Reine Marie. 733-8211. Tous les jours de 8h à 17h. A partir du 28 juin, récital d'orgue le mercredi à 20h et dim. à 15h30. Entrée gratuite.

PARC BELMONT: 12500 ave de Rivoli. 334-6212. Ouvert les fins de semaines à partir de la dernière semaine d'avril jusqu'à juin; en été: mer. et ven. de 10h à minuit, autres jours de midi à minuit. Frais d'entrée.

PARC OLYMPIQUE: Avenue Pierre-de-Coubertin. 252-4737. Visites guidées tous les jours de 9h à 17h. (de mai à sept.) et de 9h30 à 15h30 (d'octobre à avril). Frais d'entrée.

PLACE DES ARTS: 175 ouest, Ste-Catherine. 842-2141, poste 214. Visites guidées mar. et jeu. de 13h à 16h. (Groupes sur réservation seulement).

PLANÉTARIUM DOW: 1000 ouest, St-Jacques. 872-3455. En français: mar. et jeu. 12h15 et 21h30; mer. et ven. 14h15 et 21h30; sam. 14h15, 16h30 et 21h30; dim. 13h, 15h30, 16h30 et 21h30. (Fermé lun.). Frais d'entrée.

VOIE MARITIME: Écluse St-Lambert (Près du pont Victoria). 672-4110. Ouvert tous les jours de 9h au crépuscule durant saison de navigation, avril-décembre. Entrée gratuite.

B. **Le cinéma américain.** A French friend visiting you is interested in seeing some American movies. Choose three of the movie categories below, and for each category describe a movie that you've seen or heard about.

Suggestions: un film comique   un film d'aventure   une comédie musicale

un film policier   une comédie dramatique

un western   un film de science-fiction

C. Les Américains et la musique. How would you describe American music or the music that Americans like to a French friend? Use the questions below as a guide. Don't forget that you're trying to give a general idea of Americans' musical tastes, not those of a particular group.

Y a-t-il un genre de musique que les étudiants américains préfèrent? Et vous, que pensez-vous de ce genre de musique? Est-ce qu'on enseigne la musique dans les lycées américains? Et dans les universités? A quelles activités musicales les étudiants peuvent-ils participer? Quelles sont les chansons qu'on chante pour les différentes fêtes? Y a-t-il des chansons que la plupart des enfants américains apprennent pendant leur enfance? Si oui, quelles chansons? Vous souvenez-vous des paroles de ces chansons? Y a-t-il des chansons que votre mère (ou une autre personne) vous chantait quand vous étiez petit(e)? Y a-t-il certains genres de musique ou certaines chansons qui sont typiques des différents régions des Etats-Unis? Si oui, décrivez-les. Quelles sont les chansons qui sont particulièrement populaires en ce moment? D'après vous, quel chanteur ou quelle chanteuse représente le mieux la musique américaine? Pourquoi?

PARTIE ORALE

Mise en scène

*17.1 **L'humour et la bande dessinée**, pp. 415-416.

17.2 **Préférences artistiques.** Several people are discussing their artistic and musical preferences. Jot down in English each person's comment. You will hear each item twice.

Modèle: You hear: J'aime bien l'opéra mais j'ai beaucoup de difficulté à comprendre ce qu'on dit.
You jot down: *likes opera but has trouble understanding what is said*

1. ------

------

2. ------

------

3. ------

------

4. ------

------

5. ------

------

6. ------

Le subjonctif avec les expressions impersonnelles

*17.3 **On va au théâtre?**, p. 423.

*17.4 **Un étudiant à l'école des Beaux-Arts**, p. 423 A.

*17.5   **Vous venez à l'exposition, p. 424 B.**

17.6   **Un futur musicien.**   Albert is considering becoming a professional musician, and his friends are giving him some suggestions.   Decide whether or not each of their suggestions is a good idea, and underline OUI or NON below.   You will hear each item twice.

Modèle: You hear: Il est bon que tu saches que ce ne sera pas toujours facile.
You underline OUI.

1.   OUI   NON   5.   OUI   NON   9.   OUI   NON

2.   OUI   NON   6.   OUI   NON   10.   OUI   NON

3.   OUI   NON   7.   OUI   NON

4.   OUI   NON   8.   OUI   NON

Le subjonctif et les verbes de volition, d'émotion et de doute

*17.7   **Il faut retenir nos places, p. 427.**

*17.8   **Opinions, p. 427 A.**

*17.9   **Iront-ils au concert ou non?, p. 428 C.**

17.10   **Un nouveau chef d'orchestre.**   Alain Fontanel has been named the conductor of a small orchestra.   He is talking to the musicians and other people involved in running the orchestra.   Jot down what he says in English.   You will hear each statement twice.

Modèle: You hear: Je veux que tout le monde soit content.
You jot down: *wants everyone to be happy*

1. --

----

2. --

----

3. --

----

4. --

----

5. ---

Les pronoms démonstratifs

*17.11 Confusion, p. 430.

*17.12 Contradictions, p. 431 A.

*17.13 La nostalgie du bon vieux temps, p. 431 B.

17.14 Au musée. Andrée and her friends are talking about their trip to the art museum. As you listen to what they say, decide whether or not a demonstrative pronoun is used each time. If you hear a demonstrative pronoun, write in your lab manual both the pronoun you hear and what it refers to; if you don't hear one, write **non**. You will hear each item twice.

Modèle: You hear: Celui   qui   pourrait   parler   intelligemment   des impressionnistes, c'est Monsieur Laroche.
You write: *celui   Monsieur Laroche*

1. ------------------------------ 5. ------------------------------

2. ------------------------------ 6. ------------------------------

3. ------------------------------ 7. ------------------------------

4. ------------------------------ 8. ------------------------------

Les pronoms possessifs

*17.15 Rangez vos affaires, p. 433.

*17.16 Visite des châteaux de la Loire, p. 433 A.

*17.17 Il ne faut pas se tromper!, p. 434 B.

17.18 Questions. Monsieur Houchard is asking other people some questions. Decide whether or not you hear an appropriate possessive pronoun in each answer, and underline OUI or NON below. You will hear each exchange twice.

Modèle: You hear: --Est-ce que c'est la voiture de vos parents?
--Non, ce n'est pas la sienne, mais mes parents en ont une de la même couleur.
You underline NON.

1. OUI NON   3. OUI NON   5. OUI NON   7. OUI NON

2. OUI NON   4. OUI NON   6. OUI NON   8. OUI NON

Intégration et perspectives

17.19 **C'est ça, le bonheur?** Listen as Sébastien Leclerc tells a reporter how winning the national lottery has changed his life. Then answer the questions below. You will hear the passage twice.

1. Les Leclerc n'avaient pas beaucoup d'argent. Pourquoi n'étaient-ils pas

   malheureux? ---

   ----

2. Qu'est ce que Jérôme voulait que son père lui achète? Pourquoi? -------

   ----

3. Pourquoi les oncles et les cousins des Leclerc leur téléphonent-ils? ---

   ----

4. Monsieur Leclerc n'est pas content de ses nouveaux amis. Pourquoi? ----

   ----

5. Pourquoi Monsieur Leclerc n'est-il pas très content des changements que

   l'argent a apportés dans sa vie? ---------------------------------------

   ----

17.20 **Suggestion.** Chantal is trying to persuade a friend to come see an exhibition of a new painter's work. Write what she says in the pauses provided. You will hear each line twice, then the entire passage will be read a third time so that you can check your work.

1. --

   ----

2. --

3. --

   ----

4. --

   ----

5. --

17.21 **Et vous?** A French friend is asking you about movies. Stop the tape after each question and write an appropriate answer in French. You will hear each question twice.

1. ---

2. ---

3. ---

4. ---

5. ---

6. ---

7. ---

8. ---

18
CHAPITRE DIX-HUIT
Vivre en France

PARTIE ECRITE

Mise en scène

A. **Défense d'afficher.** Choose five of the following locations and, in the space provided, indicate the signs or slogans that you would post there. You may use signs you know or make up your own.

    Exemple: Location: -sur la porte de votre chambre
             Inscription: *Défense d'entrer sans frapper* (knock)

-sur les murs de votre salle de classe
-sur les murs de votre chambre
-sur les portes ou sur les murs de différents bureaux de votre université

-sur votre voiture
-dans le laboratoire de langue
-dans différents restaurants et cafés situés près du campus
-sur la porte ou dans le bureau de votre professeur de français

1. Location: ---

   Inscription: ---

2. Location: ---

   Inscription: ---

3. Location: ---

   Inscription: ---

4. Location: ---

   Inscription: ---

5. Location: --

   Inscription: ---

B. Solutions ou illusions. Many people view a return to nature or other social experiments as solutions to the problems of modern society. What are your reactions to these ideas?

1. quitter la ville pour aller vivre à la campagne ---------------------------------

   ----

   ----

2. vivre selon les principes des philosophies orientales --------------------------

   ----

   ----

3. adopter un style de vie radicalement différent de celui des gens autour de soi

   ----

   ----

4. retourner à un style de vie semblable à celui des pionniers et apprendre à

   produire soi-même toutes les choses dont on a besoin ---------------------------

   ----

   ----

5. n'accorder aucune importance à l'argent et aux besoins matériels -------------

   ----

   ----

6. vivre dans une communauté ---

Les pronoms indéfinis

A. Vous êtes interprète. One of your friends has decided to write to the archivist of the French town where some of her ancestors lived. Help write the letter by giving the French equivalents of the following English sentences.

1. Several of my ancestors came from your village. ------------------------

----

2. Others lived in the next village. ------------------------------------

----

3. We've already found several of them. ------------------------------------

----

4. Some of them came to the United States. ------------------------------

----

5. Each one settled (**s'installer**) in a different area. ------------------

----

6. None of my relatives (**parents**) were nobles; all were farmers. ---------------

----

7. I have already written to someone else in another village, but he didn't

find anything interesting. --

----

8. I would be very grateful (**reconnaissant(e)**) if you could find something else

about my family. --

B. Votre arbre généalogique. Answer the following questions about your family tree
Use an indefinite pronoun when possible.

1. Est-ce qu'il y a quelqu'un d'intéressant parmi vos ancêtres? -----------------

----

2. Est-ce que certains de vos ancêtres étaient français? Si non, de quelle(s)

nationalité(s) étaient-ils? ------------------------------------

----

3. Est-ce que quelqu'un a déjà fait l'arbre généalogique de votre famille? ------

----

4. Est-ce que tous vos ancêtres ont émigré dans la même région des Etats-Unis?

----

5. Est-ce qu'il y a encore des membres de votre famille qui habitent dans votre

pays d'origine? --

----

6. Est-ce que certains de vos ancêtres ont émigré dans un pays autre que les

Etats-Unis? ---

Le plus-que-parfait et le conditionnel passé

A. **Regrets.**   Some people are talking about what they might have done if past conditions had been different.   Using the verbs in parentheses, complete their statements with the appropriate forms of the past conditional or the pluperfect.

1. Si la guerre ------------------------------------- (ne pas commencer) en 1939,

je ------------------------------------- (aller) à l'université.

2. Si mes parents ------------------------------------- (avoir) le temps, ils

------------------------------------- (rendre visite) à leurs amis canadiens.

3. Vous ------------------------------------- (ne pas pouvoir) gagner votre vie si

vous ------------------------------------- (rester) à la campagne.

4. Oui, mais si nous ------------------------------------- (rester) à la campagne,

nous ------------------------------------- (avoir) une vie plus tranquille.

5. Si André ------------------------------------- (refuser) de faire son service

militaire, on l(e) ------------------------------------- (mettre) certainement

en prison.

6. Tu ------------------------------------- (pouvoir) devenir sénateur si tu

------------------------------------- (ne pas abandonner) tes études.

7. Si j(e) ------------------------------------ (avoir) plus de talent, j(e)

------------------------------------ (aimer) devenir peintre.

8. Si j(e) ------------------------------------ (choisir) un autre métier, ma vie

------------------------------------ (être) bien différente.

9. Norbert et Christine ------------------------------------ (ne pas divorcer) s'ils

------------------------------------ (ne pas se marier) si jeunes.

10. Ils ------------------------------------ (s'occuper mieux) de leurs problèmes si

leurs parents les ------------------------------------ (laisser) tranquilles.

B. **Changements.** Tell how your life or someone else's might have changed if events had been different. Be sure to use the pluperfect in the **si** clause and the past conditional in the result clause. Try to use a different verb in each sentence.

Exemples: *Si je n'avais pas trouvé d'appartement près du campus, j'aurais été obligé(e) de vivre chez des amis.*
Notre équipe de football aurait gagné si elle s'était mieux préparée.

Le futur antérieur

A. **Problèmes et solutions.** Jean Marin is the manager of a factory that has been having personnel difficulties. To solve the problem, he has called in an efficiency expert. Re-create the statements Jean Marin and the experts made, using the model as a guide.

Modèle: Après avoir étudié la situation, nous vous enverrons notre rapport.
Dès que nous aurons étudié la situation, nous vous enverrons notre rapport.

1. Après être arrivée à l'usine, les experts consulteront le personnel. ---------

----

2. Après vous être mis au travail, vous verrez que c'est un problème sérieux. ---

   ----

   ----

3. Après avoir examiné le problème, vous saurez s'il y a une solution ou non. ---

   ----

   ----

4. Après s'être réunis, les chefs de bureau parleront avec vous. ----------------

   ----

   ----

5. Après avoir visité l'usine, vous comprendrez mieux la situation. -------------

   ----

6. Après avoir discuté la situation entre eux, les employés n'hésiteront pas à vous

   parler. ---

   ----

7. Après avoir parlé avec les employés, nous comprendrons mieux leur point de vue.

   ----

8. Après avoir fini notre rapport nous vous communiquerons nos conclusions. -----

   ----

B. Suggestions. Several friends are giving each other advice. Each agrees with the suggestions given. Re-create their statements, using the model as a guide.

Modèle: Si tu trouvais un travail, tu pourrais t'acheter une voiture.
Oui, aussitôt que j'aurai trouvé un travail, je pourrai m'acheter une voiture.

1. Si tu parlais franchement à Michel, vous vous comprendriez mieux. -----------

   ----

2. Si tu disais aux policiers que ton permis de conduire a été volé, tu n'aurais

   pas à payer la contravention. ---

----

3. Si j'allais voir mon patron, il me donnerait une augmentation de salaire. ----

----

4. Si nous économisions de l'argent, nous pourrions partir en vacances. ---------

----

5. Si tu te reposais un peu, tu te sentirais mieux. ------------------------------

----

6. Si nous expliquions notre position aux députés, ils sauraient que cette loi ne

répond pas à nos besoins. --

Le subjonctif passé

Les événements de mai 1968. The student revolution in France in May, 1968, brought about many changes in the university system. Some people are talking about what took place then and their reactions to it. Re-create their statements.

Modèle: nous regrettons / vous n'avez pas voulu participer aux manifestations
Nous regrettons que vous n'ayez pas voulu participer aux manifestations.

1. nous sommes contents / les universités sont devenue moins impersonnelles ---------

----

2. mais beaucoup de gens doutent / il y a eu assez de réformes ----------------------

----

3. nous sommes reconnaissants *(grateful)* / les syndicats ont fait la grève pour

aider la cause des étudiants --

----

4. c'est dommage / le gouvernement n'a pas essayé de comprendre les problèmes ------

----

5. je regrette / cette révolte a eu lieu ---

----

6. nos parents ne sont pas contents / nous sommes allés aux manifestations ----------

----

7. je ne pense pas / la situation s'est beaucoup améliorée -------------------------

----

8. c'est dommage / la police est venue et beaucoup d'étudiants ont été arrêtés ------

----

9. nous sommes heureux / peu de gens ont été blessés *(hurt)* pendant les

   manifestations --

----

10. je suis fier / tu es allée distribuer des tracts *(pamphlets)* au restaurant

   universitaire ---

Intégration et perspectives

A. **Les Américains (ou les Français) vus avec un peu d'humour.** Lack of understanding
   of another culture can often result in embarrassing or humorous situations. Pick an
   aspect of French or American culture that might be puzzling to a foreign visitor--
   dating customs, family traditions, school or university activities, rule(s) of etiquette,
   for example. Present this custom (in paragraph or dialogue form) in an amusing
   way.

B. **Rétrospective personnelle.** Using the questions below as a guide, evaluate and
   discuss your reactions to the study of French.

   En quoi est-ce que vos idées concernant les Français et les pays francophones ont-
   elles changé grâce à votre étude du français? Est-ce que vous voyez maintenant
   plus or moins de différences entre les Français et les Américains? Quelles sont, à
   votre avis, les similarités et les différences? Est-ce que l'étude de la langue et de

la culture françaises vous ont aidé(e) à mieux comprendre et apprécier votre propre langue et culture? Est-ce que vous attachez une plus grande valeur à l'étude d'une langue en général et à l'étude du français en particulier? Si oui, pourquoi? Si non, pourquoi pas? Si c'était à refaire, est-ce que vous suivriez des cours de français? Si vous pouviez recommencer à zéro, quelles sont les erreurs que vous éviteriez et quelles sont les choses que vous feriez pour mieux profiter de votre étude du français? Quels conseils donneriez-vous à une personne qui commence à étudier le français ou une autre langue étrangère? Qu'auriez-vous fait différemment si vous aviez su ce que vous savez maintenant?

PARTIE ORALE

Mise en scène

*18.1 **A chacun sa vérité**, pp. 443-444.

18.2 **Discussions.** Some people are talking over dinner. Decide whether or not each person's statement pertains to local politics and/or current events, and underline OUI or NON below. You will hear each statement twice.

Modèle: You hear: A mon avis, les gens ne se tiennent pas assez au courant de ce qui se passe dans le monde.
You underline OUI.

1.	OUI NON	5.	OUI NON	9.	OUI NON
2.	OUI NON	6.	OUI NON	10.	OUI NON
3.	OUI NON	7.	OUI NON		
4.	OUI NON	8.	OUI NON		

Les pronoms indéfinis

*18.3   **A la pharmacie,** pp. 449-450.

*18.4   **La passion de la généalogie,** p. 450 A.

*18.5   **Tout le monde n'est pas dans la même situation,** p. 450 B.

18.6   **Plainte.**   Anne et Paul Beaumont live across from a dilapidated abandoned house, and they're trying to find out who can take care of the problem. Jot down in English what they say. You will hear each item twice.

Modèle: You hear: Si quelqu'un ne s'occupe pas de cette maison, nous avons peur qu'il y ait un accident.
You jot down: *if someone doesn't take care of this house, afraid there will be an accident*

1. ---
----

2. ---
----

3. ---
----

4. ---
----

5. ---
----

6. ---

Le plus-que-parfait et le conditionnel passé

*18.7   **A l'hôtel,** p. 453.

*18.8   **Sur la piste des ancêtres,** p. 453 A.

*18.9   **Si j'avais eu plus de temps,** p. 454 D.

18.10   **Regrets.**   Some friends are talking about how their lives could have been different.   Based on each person's comment, decide whether each person is happy or not, and underline OUI or NON below.   You will hear each item twice.

   Modèle: You hear: Si je n'étais pas allée à l'université, je n'aurais jamais fait la connaissance de mon mari.
   You underline OUI.

1. OUI NON   3. OUI NON   5. OUI NON   7. OUI NON

2. OUI NON   4. OUI NON   6. OUI NON   8. OUI NON

Le futur antérieur

*18.11   **Au salon de coiffure,** p. 457.

*18.12   **Il faudra attendre un peu,** p. 458 A.

18.13   **Conseils.**   A doctor is talking to a patient who isn't feeling well.   Jot down in English the advice the doctor gives.   You will hear each statement twice.

   Modèle: You hear: Couchez-vous aussitôt que vous serez rentré chez vous.
   You jot down: *go to bed as soon as you get home*

1. --

2. --

3. --

   ----

4. --

5. --

Le subjonctif passé

*18.14   Regrets, p. 460.

*18.15   Réactions, p. 460.

   18.16   Lettre. Jean-Luc is reading a letter from his parents. As he reads, jot down in English each piece of news. You will hear each statement twice.

   Modèle: You hear: Nous sommes ravis que Paul et Annick aient décidé de se marier.

   You jot down: *delighted that Paul and Annick have decided to get married*

   1.   ---

        ----

   2.   ---

        ----

   3.   ---

   4.   ---

        ----

   5.   ---

Intégration et perspectives

   18.17   Discussion. A reporter is interviewing a couple who has recently visited the United States. Listen to the interview, and then decide if the statements below are VRAI or FAUX, and underline the appropriate words. You will hear the interview twice.

   1.   VRAI FAUX   Christiane pense que les Américains ne sont pas assez prudents avec les gens qu'il ne connaissent pas.

   2.   VRAI FAUX   Albert a trouvé les Américains froids et distants.

   3.   VRAI FAUX   Albert dit que les enfants américains ont trop de travail à faire.

   4.   VRAI FAUX   Albert a vu beaucoup de contrastes entre les gens des différentes régions des Etats-Unis.

   5.   VRAI FAUX   Christiane et Albert ont plusieurs enfants qui ne les ont pas accompagnés aux Etats-Unis.

18.18 **Réflexions.** Marcel Dupont ran for political office, but he lost the election. Write what he says during the pauses provided. You will hear each line twice, then the entire passage will be read a third time so that you can check your work.

1. --

2. --

3. --

4. --

5. --

18.19 **Et vous?** A French friend is asking you about your study of French. Stop the tape after each question and write an appropriate answer in French. You will hear each question twice.

1. --

2. --

3. --

4. --

5. --

6. --